rowohlts monographien
begründet von Kurt Kusenberg
herausgegeben
von Wolfgang Müller

Katharina II. die Große

**mit Selbstzeugnissen
und Bilddokumenten
dargestellt von
Reinhold Neumann-Hoditz**

Rowohlt

Dieser Band wurde eigens für «rowohlts monographien» geschrieben
Den Anhang besorgte der Autor
Herausgeber: Klaus Schröter
Mitarbeit: Uwe Naumann
Assistenz: Erika Ahlers
Schlußredaktion: K. A. Eberle
Umschlaggestaltung: Werner Rebhuhn
Vorderseite: Katharina die Große. Gemälde von Johann Baptist Lampi, 1793
(Aus: Alexander Brückner: Katharina die Zweite. Berlin 1883)
Rückseite: Russisches Staatswappen
(Archiv für Kunst und Geschichte, Berlin)

Veröffentlicht im Rowohlt Taschenbuch Verlag GmbH,
Reinbek bei Hamburg, Januar 1988
Copyright © 1988 by Rowohlt Taschenbuch Verlag GmbH,
Reinbek bei Hamburg
Alle Rechte an dieser Ausgabe vorbehalten
Satz Times (Linotron 202)
Gesamtherstellung Clausen & Bosse, Leck
Printed in Germany
1090-ISBN 3 499 50392 1

4. Auflage 15.–17. Tausend Juli 1993

Inhalt

Katharina II., 1766. Die Deutsche auf dem Zarenthron

Vorwort

Sophie Auguste Friederike von Anhalt-Zerbst, die Deutsche auf dem Zarenthron. Mit keiner anderen Frau hat sich die Phantasie so beschäftigt wie mit der Prinzessin, die als Katharina II. die Große Geschichte machte. Die Aufklärer des Westens priesen sie als ihre Prophetin auf russischem Boden, als «Licht des Nordens», als die Semiramis aus St. Petersburg. Die Russen halten sich mit Lobeshymnen zurück. Für sie war und ist die Zarin ein Symbol kluger Machtpolitik, die, so gesehen, das Werk Peters des Großen fortsetzte. Die Polen wissen ein Lied davon zu singen, denn in Katharinas Regierungszeit verschwand die Rzeczpospolita von der Landkarte Europas. Katharina selbst verstand sich als Nachfolgerin Peters I., dem sie in der Hauptstadt demonstrativ ein Denkmal setzte. In Wirklichkeit ist sie von Peters innenpolitischen Grundsätzen abgerückt und hat den Geist seiner Reformen verraten. Alexander Puschkin, der die petrinische Umgestaltung Rußlands besang, sah in der Kaiserin nur einen «Tartuffe im Rock, die Krone auf dem Haupt».

Katharinas frühe und mittlere Jahre wurden durch die Devise des aufgeklärten Absolutismus geprägt: alles für das Volk, allerdings nichts durch das Volk. Das Grundübel der russischen Gesellschaft war die Leibeigenschaft der Bauern, die Rechtlosigkeit der Bevölkerungsmehrheit. Schon als Großfürstin erkannte Katharina die dringende Notwendigkeit, die Lage des Muschik zu verbessern. Als Kaiserin allerdings kapitulierte sie vor den ersten Schwierigkeiten, denen sie dabei begegnete. Mehr noch: In der Regierungszeit Katharinas II. hat sich die Lage der Bauern drastisch verschlechtert. Die Zarin vermehrte die Zahl der Leibeigenen im Vergleich zu den freien Pächtern und mutete den Versklavten auch noch zu, sich klaglos der empörenden gutsherrlichen Gerichtsbarkeit zu unterwerfen. Der Vorwurf der Scheinheiligkeit trifft Katharina deshalb zu Recht, weil sie dennoch, gerade mit Blick auf Westeuropa, jede Gelegenheit nutzte, sich als mustergültige Wohltäterin an allen ihren Untertanen in Szene zu setzen.

Die Macht veränderte den Menschen Katharina, die schon als Kind von Krone und Herrschaft träumte. Der reine Absolutismus siegte, die Aufklärung wurde beiseite geschoben. Hinzu trat die Furcht der Kaiserin vor dem Zorn des Volkes, der sich im Aufstand Pugatschows entlud, und, später, die Angst vor dem Bazillus der Französischen Revolution. So kam es, daß Katharina II. die Privilegien des Adels zementierte, dem sie, repräsentiert durch die Garde, ihre Macht verdankte, daß sie das Gebot der Toleranz mißachtete, zu dem sie sich als junge Frau bekannt hatte. Radischtschew und Nowikow, die Literaten und Dissidenten, bekamen diese Wandlung der Monarchin bitter zu spüren.

Anfang August 1767 wurde im großen Audienzsaal des Moskauer Kreml einer gesetzgebenden Versammlung die *Instruktion* der Kaiserin verlesen. Ergriffen vernahmen die Delegierten die erhabenen, Montesquieus «De l'esprit des lois» entnommenen Worte von natürlicher Freiheit, Wohlfahrt der Untertanen, von der Gerechtigkeitsliebe eines Souveräns. Sie glaubten, ihre Zarin selbst habe solche Sätze geprägt und beschlossen eine besondere Manifestation des Dankes. Sie trugen Katharina die Beinamen an: «Die Große, Allweise und Mutter des Vaterlandes». Mit den entsprechenden Epitheta war Peter I. einst geehrt worden, nachdem er sein Lebenswerk beinahe vollendet hatte. Bescheiden wehrte die Zarin ab. Sie wolle es, meinte Katharina, der Zeit und der Nachwelt überlassen, unparteiisch darüber zu urteilen, ob sie eine Große genannt werden dürfe. Die Thesen Montesquieus blieben für Rußland unverbindliche Floskeln; das reformerische Gesetzeswerk, das Katharina anvisierte, kam nie zustande. Bis heute vermeiden es russische Autoren in der Regel, Katharina II., die als Philosoph auf dem Thron gelten wollte, eine «Große» zu nennen. Im Westen dagegen wirkten Katharinas Worte und Schriftsätze zusammen mit dem Charme, den sie ausstrahlte, um so mehr, weil die freiheitliche Botschaft aus Rußland kam, dem fernen und unbekannten Land, dessen Regierung man sich nur als despotisch vorstellen konnte. Von Voltaire bis zu Goethe haben viele Katharina als eine, historisch gesehen, große Persönlichkeit bezeichnet, obgleich der Ruhm, den sie meinten, auf Mißverständnissen beruhte. So blieb der Zarin ihr Titel bis in die Gegenwart erhalten.

Andererseits war Katharina II. eine kluge, belesene, vielseitig interessierte Frau, die ihre Weggefährten tatsächlich in den Schatten stellte. Sie besaß politischen Instinkt, eine außergewöhnliche politische Begabung, die sie geschickt einzusetzen verstand. Dieses Bild war und ist zu Unrecht verfälscht durch den Klatsch und die Legenden, die das abwechslungsreiche Liebesleben der Zarin betreffen, der das Glück eines harmonischen Ehe- und Familienlebens oder einer auf Dauer befriedigenden menschlichen Partnerschaft versagt blieb.

Katharina war eine emanzipierte, im heutigen Sinn moderne Frau, die zudem mit der Feder umzugehen wußte, als Schriftstellerin, Journalistin, Propagandistin ihrer eigenen Sache. Wir haben Respekt vor der erstaunlichen Energie, die Katharina, vieles zur gleichen Zeit beginnend, nie verließ. Achtung auch davor, wie sich die Ausländerin auf ihre neue Heimat einstellte, die russische Sprache studierte und pflegte, die Chroniken durchforschte, altrussische Geschichte beschrieb, wenn auch allzu subjektiv und belehrend, und ihren Enkeln Alexander und Konstantin großmütterlich-liebevoll vaterländischen Unterricht erteilte.

Um die Bildung der Jugend war die Kaiserin auch generell mit pädagogischem Eifer bemüht. Sie legte den Grundstein für das russische Volksschulwesen (1782) und verfaßte Schulbücher. Denn allgemeine Schulen gab es kaum in den größeren Städten, und Analphabeten waren sogar unter den Adeligen auf dem Lande anzutreffen. Das Petersburger Smolny-Institut, von Katharina 1764 gegründet, war die erste russische Lehr- und Erziehungsanstalt für Frauen, für adelige Mädchen. Die Zarin kümmerte sich um verwahrloste Stadtkinder und Waisen und ging bei der Pockenimpfung mit gutem Beispiel voran.

Natürlich behinderte das System der Leibeigenschaft die allgemeine kulturelle Entwicklung. Aber es gab auch fortschrittliche und menschliche adelige Grundherren. Ihrer soll nicht zuletzt gedacht werden. Sie ließen ihren Bauern die Freiheit, Talente zu entfalten, auf dem Gebiet der Architektur, Musik und Malerei, des Theaters. Die Besucher des Palast-Museums im Moskauer Stadtteil Ostankino, der ehemaligen Besitzung der Grafen Scheremetjew, können sich vom künstlerischen Schaffen der Leibeigenen zur Zeit Katharinas überzeugen. Bartolomeo Rastrelli, der große Baumeister, hatte Rußland 1762 verlassen. Unter den Nachfolgern, die russische Städte schmückten, waren auch einheimische Architekten wie Wassilij Baschenow oder Matwej Kasakow, die bescheidenen Verhältnissen entstammten.

Das heißt, auch zu Katharinas Zeiten hat sich Rußland bewegt, nicht nur durch die Gewalt der Waffen. Doch es waren die äußeren Erfolge der katharininschen Epoche, die Zunahme an Macht und gesamteuropäischem Prestige, die das Selbstgefühl der Russen erheblich stärkten.

Cliquenkämpfe und Palastrevolten

Peter I. hatte die traditionelle Thronfolge in der männlichen Linie außer Kraft gesetzt. Er erließ ein Gesetz, wonach jeder, der Rußland regierte, seinen Nachfolger selbst bestimmen und diese Entscheidung zugunsten eines anderen Kandidaten rückgängig machen konnte. Das war eine Folge des schweren Konflikts zwischen Vater und Sohn, dem der Zarewitsch Alexej zum Opfer gefallen war. Zar Peter starb, ohne erklärt zu haben, wem er sein Werk anvertrauen wollte. Für Rußland begann eine Zeit der Cliquenkämpfe und der Palastrevolten. Favoriten und Wremenschtschiki, Machthaber für eine kürzere Zeit (wremja = die Zeit), spielten im russischen Staatsleben des 18. Jahrhunderts eine gewaltige Rolle. Es war ein ständiger Kampf um Einfluß und persönliche Macht, der kaum etwas mit den Interessen des Staates und überhaupt nichts mit dem Wohl der Allgemeinheit, des russischen Volkes, zu tun hatte. Palastrevolten, die sich auf die militärische Macht des Staates stützten, hatte es auch früher gelegentlich gegeben; jetzt wurden sie zu einer ständigen Erscheinung. Fünfmal putschten Gardeoffiziere in der Zeit vom Tod Peters des Großen (1725) bis zum Umsturz, der Katharina II. an die Macht brachte (1762). Zum Glücksspiel geriet die Lösung des Problems, wer jeweils den russischen Thron besteigen sollte. Frauen und Männer zogen das Los, gerade so, wie es der Zufall der Geschichte wollte.

Im 17. Jahrhundert war Rußland zum Idealstaat eines Kleinadels geworden, der mit der politischen Entmachtung des halbsouveränen Großadels, der alten Bojarengeschlechter, durch die Zentralgewalt entstanden war. Schon vor den Reformen Peters I. wurden die Staatsämter nicht mehr allein nach dem Geburtsrecht der Aristokratie besetzt, sondern auch nach dem Maßstab der Befähigung. Für Zar Peter zählten allein Leistung und persönliches Verdienst. Er schuf eine neue Elite, die, belohnt mit allen Vorrechten des herkömmlichen Adels, einschließlich des Besitzes an Grund und Boden, dem Zaren treu ergeben war. Auf diese Weise wurden die Reihen des Adels durch Personen unterschiedlicher Herkunft erweitert, das heißt, die Macht des Adels wurde wesentlich gestärkt. Höhere Offiziere zum Beispiel gehörten automatisch dem Adelsstand an. Der adelige Dworjanin (dwor = der Hof) besaß nicht nur Ländereien und die dazugehörige leibeigene Bevölkerung. Ihm standen, wenn nötig, bewaffnete Kräfte des Staates zur Verfügung, in Form der Garderegimenter. Denn deren Offiziere, und meist auch die Soldaten, waren adeliger Herkunft. Der Adel wirkte auch bei der Verwaltung des Gemeinwesens mit, wozu er von Peter dem Großen verpflichtet worden war. Der Grundherr jedoch, der genügend Land sein eigen nannte, der diejenigen ausbeuten konnte, die es bebauten, betrachtete den zivilen und auch den militärischen Dienst am Staat, das alte Dienstprinzip, als eine lästige Pflicht, die er so schnell wie möglich abschütteln wollte, was ihm auch bald gelang. Denn die Anteilnahme der sogenannten höheren Gesellschaft an Dingen von öffentlichem Belang hielt sich in Grenzen; ihre privaten Interessen überwogen.

Den regierenden Hofkamarillas und dem schmarotzenden Adel stand das entrechtete Volk stumm gegenüber. Das Volk, das war die Masse der leibeigenen Bauern, der niedrigste Stand der Gesellschaft. Seit Menschengedenken wurde der Muschik als Eigentum seines Grundherrn betrachtet. Seit hundert Jahren war er auch durch Gesetz an das Land, auf

«Peter dem Ersten von Katharina der Zweiten».
Die Zarin läßt ihrem großen Vorgänger in St. Petersburg ein Denkmal setzen und deklariert sich als Fortsetzerin seines Werks. Das Reiterstandbild von Étienne-Maurice Falconet wurde 1782 enthüllt

Straße in Moskau, Mitte des 18. Jahrhunderts. Links im Vordergrund eine Schenke (kabak)

dem er schuftete, und an den adeligen Grundbesitzer gefesselt. Es galt nicht nur, die Arbeitskraft der ländlichen Bevölkerung zu sichern und das Rekrutierungspotential für die militärischen und wirtschaftlichen Unternehmungen des Staates (Städtebau, Kanalprojekte usw.). Es gab auch rein fiskalische Gründe, die Leibeigenschaft zu zementieren. Denn: Je größer die Macht des Gutsbesitzers über seine Bauern war, desto gesicherter war auch das Einkommen des Staates. Peter I. hatte den Gutsherren das Recht zugestanden, die Abgabe von den einzelnen Seelen (poduschnaja podatj) direkt von den Leibeigenen einzutreiben. Diese Kopfsteuer war die Haupteinnahme des russischen Staates. Das Problem der «toten Seelen», der gestorbenen Bauern, für die noch Steuern entrichtet werden mußten, hat Nikolaj Gogol in seinem Meisterwerk behandelt. Seelensteuer mußten auch die Stadtbewohner entrichten; der Dworjanin, der seiner Dienstpflicht genügen sollte, war von persönlichen Abgaben befreit.

Rußland war das klassische Bauernland. Peter der Große hinterließ seinen Nachfolgern etwa dreizehn Millionen Untertanen. In Städten lebten insgesamt nur 328000 Menschen. (Paris allein zählte damals eine halbe Million Einwohner.) Die Verwandlung dieses hinterwäldlerischen Reichs in eine europäische Großmacht, die der Zar mit seltener Willenskraft vollzog, die unablässigen Kriegs- und Frondienste, die er seinem Volk in dreißigjähriger Selbstherrschaft auferlegte, hatten die Kräfte der Russen aufs äußerste erschöpft. Selbst der Adel sehnte sich nach einer Atempause. Die Zeit der Nachfolger Peters (1725–1762) war im Vergleich zur Epoche der petrinischen Reformen eine Zeit der Erschlaffung, des Abflauens der staatlichen und wirtschaftlichen Aktivitäten.

Beim Tod Peters I. kam es zu einer Konfrontation. Die Hocharistokratie wollte Peter Alexejewitsch, den zehnjährigen Enkel des Verstorbenen, zum Zaren erheben. Der Enkel, Abkömmling aus Peters erster Ehe, war der einzige männliche Romanow. Ihm werde es gegeben sein, so hofften die Befürworter dieser Wahl, Rußland zu den alten Traditionen zurückzuführen, die sie durch die forcierte «Europäisierung» gebrochen sahen. Die neue Elite dagegen plädierte für Katharina, die zweite Ehefrau Peters, die der Monarch zwar eigenhändig gekrönt, aber nicht ausdrücklich zu seiner Nachfolgerin ernannt hatte. Katharina, von bäuerlicher polnisch-litauischer Herkunft, war insbesondere beim Militär sehr beliebt, denn sie hatte den Zaren auf vielen Feldzügen begleitet und die Strapazen der Truppe geteilt. Während sich in der Petersburger Residenz die Würdenträger stritten, ließen die Anhänger Katharinas die Garderegimenter aufmarschieren. Unter der Drohung mit Gewalt wurde das Nachfolgeproblem schnell gelöst. Mit Katharina I. bestieg zum erstenmal eine Frau den Zarenthron. Als Selbstherrscherin allerdings war die Kaiserin[1]* ungeeignet. Für sie übernahm Alexander Danilowitsch Menschikow, der skrupellose Emporkömmling, die Regierungsgeschäfte. Menschikow, Katharinas ehemaliger Geliebter, der Intimfreund Peters des Großen, war der erste Günstling in der russischen Geschichte: Nach Katharinas Tod wurde der Generalissimus gestürzt; aus der sibirischen Verbannung kehrte er nicht mehr zurück.

Katharina I. überlebte ihren Mann um nur zwei Jahre. Nach ihrem Tod (1727) gelangte der unmündige Peter II. Alexejewitsch auf den Thron, den viele als den einzig rechtmäßigen Erben Peters des Großen betrachteten. Peter II. starb am 19. Januar 1730 (vgl. Hinweis [S. 142]) an den Pocken. Er wurde vierzehn Jahre alt. Mit ihm erlosch die männliche Linie der Dynastie Romanow.

Unterdessen nahm das Werk Schaden, das Peter der Große geschaffen hatte. Ein Oberster Geheimer Rat, dem die wichtigsten Würdenträger aus beiden adeligen Lagern angehörten, wurde den Selbstherrschern bei-

---

* Die hochgestellten Ziffern verweisen auf die Anmerkungen S. 131 f.

St. Petersburg, Newa-Kai

gegeben; Senat und Kollegien (Ministerien), die Peter I. als höchste Verwaltungsinstanzen eingesetzt hatte, verloren ihre Bedeutung. Unter dem Einfluß der alten Familien, vor allem des Hauses Dolgorukij, die sich in St. Petersburg nie heimisch gefühlt hatten, verließ Peter II. die neue Hauptstadt und verlegte den Hof zurück nach Moskau. Die Stadt an der Newa schien der Verödung preisgegeben zu sein, zumal gewisse Handelsprivilegien aufgehoben wurden, die dem Ostseehafen eingeräumt worden waren. Die Flotte, Peters des Großen ganzer Stolz, verkam, weil die Schiffe nicht mehr gewartet wurden; russische Segler tauchten nur noch selten in westeuropäischen Häfen auf.

Die Willkür des einzelnen trat an die Stelle der diktatorischen petrinischen Ordnung. Während der Moskauer Hof mit einem Knaben als Kaiser rauschende Feste feierte, kehrten die adeligen Grundherren, vieler Dienstpflichten ledig, auf ihre Güter zurück, um dort nach dem «Rechten» zu sehen. Denn immer mehr Bauern entzogen sich ihrer Fron durch die Flucht in die Steppen des Südens, aber auch in die Wälder des Nordens und Ostens, oder auf polnisches Staatsgebiet, wo die Leibeigenschaft weniger krasse Formen angenommen hatte. Die Gutsbesitzer wa-

ren durch Gesetz berechtigt, nach «ihren» Bauern im ganzen Land zu
fahnden, sie einzufangen und zurückzuschleppen. Die Regierung half
ihnen dabei, indem sie Soldaten als Häscher zur Verfügung stellte.

Wieder war der Thron verwaist, und die Adelscliquen traten auf den
Plan. Die alteingesessene Aristokratie hielt nach einer ihr gefügigen
Herrscherin Ausschau (männliche Romanows gab es ja nicht mehr). Dem
Einfluß hochmütiger Aufsteiger und Favoriten à la Menschikow wollte
man zuvorkommen. Fürst Dmitrij Michailowitsch Golizyn nominierte
Anna Iwanowna, die früh verwitwete Herzogin von Kurland, eine Nichte
Peters des Großen.[2] Sie akzeptierte die Bedingungen, die ihr der Oberste
Geheime Rat übermittelte, in dem zu diesem Zeitpunkt die großen Fami-
lien die Mehrheit hatten. Hätten sich die Golizyn und Dolgorukij durchgesetzt, so wäre die Selbstherrschaft, wenn auch nicht die Monarchie,
abgeschafft worden, zugunsten einer Oligarchie aus Repräsentanten des
grundbesitzenden Hochadels. (Das schwedische Beispiel hatte Golizyn
inspiriert.) Doch der mittlere und niedere Adel spielte nicht mit. Der
Dworjanin, der in der Tat, verglich er sich mit diesen «Bojaren», oft in

Folterszene in der Geheimen Kanzlei zu St. Petersburg. Mit der Knute werden Geständnisse erpreßt

bescheidenen Verhältnissen lebte, sah seine Rechte bedroht. Er überwand seine politische Passivität, organisierte Versammlungen mit Diskussion und legte seinerseits Verfassungsentwürfe vor, die geradezu freiheitlich anmuteten. Die meisten Dworjane allerdings, und der deutschstämmige Vizekanzler Ostermann, waren für die uneingeschränkte Autokratie, weil sie sich von einer mächtigen Zarin zusätzliche Privilegien erhofften. Wieder mischte sich die Garde ein. Offiziere bedrohten jeden, der die Selbstherrschaft antastete. Kaiserin Anna ließ sich die «Konditionen» bringen, die sie schon unterzeichnet hatte. Vor den Augen der Versammelten zerriß sie das Dokument und erklärte, sie werde selbstherrscherlich regieren.

Anna Iwanowna, 37 Jahre alt, entpuppte sich als herrschsüchtig und grausam. Sie belohnte den Provinzadel, der sie unterstützt hatte, durch Erleichterung seiner militärischen Dienstpflicht. Der Oberste Geheime Rat wurde aufgelöst; der Hof kehrte nach St. Petersburg zurück. Aus Kurland ließ die Kaiserin einen Schwarm von Günstlingen nachkommen. Sie nahmen die wichtigsten Posten ein, weil Anna den Russen, die es gewagt hatten, ihr Bedingungen zu stellen, trotz des für sie guten Ausgangs mißtraute. Es waren Deutsche, vor allem aus dem baltischen Adel, die nun, zehn Jahre lang, in Rußland den Ton angaben. Schon die ersten Romanows hatten ausländische Fachleute, Handwerker, Offiziere und Künstler, in ihren Dienst genommen. Diese paßten sich in aller Regel an, sie halfen Rußland und wurden von den Russen akzeptiert. Viele deutschbaltische Edelleute dagegen zeigten für alles Russische tiefe Verachtung; ihnen ging es allein darum, sich in ihren hohen Ämtern zu bereichern. Als typisches Beispiel dafür ist Ernst Johann Biron (von Bühren, 1690–1772) in die russische Geschichte eingegangen. Der Favorit war schon in Mitau der Geliebte der Herzogin gewesen. In Rußland blieb er, gewissermaßen, Annas Leibsekretär. Birons Vollmachten waren unumschränkt; die Staatskasse stand ihm zur Verfügung, Gesuche von Behörden und Privatpersonen landeten in seiner Hand. Ausländer deutscher Nationalität hatten auch in der Armee das Sagen. Burchard Christoph Münnich (1683–1767), gebürtig aus dem Oldenburger Land, avancierte unter der Zarin Anna zum Feldmarschall; er focht erfolgreich gegen die Türken. Heinrich J. F. Ostermann, ein fähiger und korrekter Administrator, fungierte jetzt als Chef des Kabinetts.

Birons Herrschaft war zugleich eine Zeit des ungezügelten Terrors gegen echte oder vermeintliche Gegner. Denn Anna und ihr Favorit lebten in ständiger Angst vor Aufruhr und Umsturz. Unzufriedene wurden auf Verdacht in den Folterkammern der neugegründeten Geheimen Kanzlei gepeinigt. Deportationen nach Sibirien und Exekutionen waren an der Tagesordnung. Zur gleichen Zeit praßte der Hof in einem bisher unbekannten Ausmaß. Entsprechend wurde die Bevölkerung durch immer neue Abgaben ausgepreßt; Soldaten trieben die Steuerrückstände ein. Die Bironowschtschina, so wurde das Schreckensregiment im Volk genannt, gehört, wie die Grausamkeiten Iwans des Gestrengen (des Schrecklichen) und die Diktatur Stalins zu den dunklen Kapiteln russischer Geschichte.

Anna Iwanowna hatte keine Kinder. Zum Thronerben machte sie ihren Großneffen Iwan Antonowitsch, den Sohn ihrer Nichte Anna Leopoldowna, der Tochter des Karl Leopold Herzogs von Mecklenburg-Schwerin, die Anton Ulrich den Jüngeren Herzog von Braunschweig-Wolfenbüttel geheiratet hatte. (Die Romanows liierten sich gern mit deutschen Fürstenhäusern, die somit im russischen dynastischen Spiel eine wichtige Rolle übernahmen.) Die Regentschaft war Biron zugedacht. Kaiserin Anna starb am 17. Oktober 1740. Drei Wochen danach stürzte Feldmarschall Münnich seinen Rivalen Biron. Anna Leopoldowna wurde Regentin, doch Münnich nahm die Staatsgeschäfte wahr. Wieder wurde Rußland von Ausländern beherrscht, von jenen Deutschen, die sich, Münnich allerdings war eher eine Ausnahme, durch ihre Überheblichkeit und Ignoranz, was Rußland und die Russen betraf, den Zorn der russischen Gesellschaft zugezogen hatten. Nationalbewußte Adelige und Offiziere waren entschlossen, der onemetschenje, der Verdeutschung des russischen Staatsapparats, ein Ende zu setzen. Es gab noch eine «echte» Russin ohne ausländischen Anhang, die für die Thronfolge in Frage kam: Elisabeth Petrowna, eine Tochter Peters des Großen, war bisher stets übergangen worden.[3] In der Nacht zum 25. November 1741 stellte sie sich an die Spitze des traditionsreichen Preobraschenskij-Regiments, des ersten Garderegiments, in dem der junge Zar Peter einst seinen Dienst versehen hatte. Mit einer Kompanie Grenadiere drang sie in den Petersburger Winterpalast ein. Anna Leopoldowna, ihr Mann und Iwan VI., ihr einjähriges gekröntes Kind, dessen Schicksal uns noch beschäftigen wird, verschwanden später in Cholmogory, im Hohen Norden des europäischen Rußlands; Ostermann und Münnich traten den Weg nach Sibirien an. Zum viertenmal hatte die Garde mit einer Palastrevolte in die Geschick Rußlands eingegriffen und die Cliquenkämpfe beendet. Als neue Kaiserin wurde Elisabeth Petrowna auch von der Bevölkerung gefeiert.

Jugend in Deutschland

Sophie Auguste Friederike, Prinzessin von Anhalt-Zerbst, die als Zarin Katharina II. in die Geschichte eingegangen ist, wurde am 2. Mai 1729 in Stettin geboren. In ihren Erinnerungen hat die Kaiserin ihre Kindheit und Jugend ausführlich beschrieben, der Stadt an der Oder aber kaum Beachtung geschenkt. Das Leben in dem grauen Schloß über dem Strom, einst Residenz der pommerschen Herzöge, war für das junge Mädchen nicht gerade abwechslungsreich gewesen; kurzweiligere Begebenheiten ihrer Jugend in Deutschland hatten sich der Memoirenschreiberin eingeprägt. Als Baron von Grimm Stettin besuchen wollte, schrieb Katharina ihrem Briefpartner und Vertrauten: *Was wollen Sie dort? Sie werden dort Niemand vorfinden... Bestehen Sie aber auf Ihrem Stücke, so erfahren Sie, daß ich in Greifenheims Hause auf dem Marien-Kirchhof geboren bin, im linken Flügel des Schlosses gewohnt habe und erzogen wurde, daß ich drei gewölbte Stuben neben der Kirche innehatte und daß der Glockenthurm an meine Schlafstube stieß. Dort unterrichtete mich Mademoiselle Cardel und hielt Herr Wagner seine Prüfungen mit mir ab; von dort aus hatte ich täglich zwei oder dreimal in lustigen Sprüngen zu meiner Mutter zu eilen, welche das andere Ende des Schlosses bewohnte. Alles dieses bietet durchaus kein Interesse dar, wenn Sie nicht etwa auf den Einfall gerathen, daß das Local einen gewissen Einfluß auf die Production leidlicher Kaiserinnen zu üben geeignet sei; in diesem Falle müßten Sie dem Könige von Preußen empfehlen, dort eine entsprechende Baumschule dieser Art anlegen zu lassen.*[4] Humor und Huld der ehemaligen Schloßbewohnerin wußten die Stettiner zu schätzen; dankbar verzeichneten sie, daß die Kaiserin dem Magistrat ihrer Geburtsstadt regelmäßig alle Gedenkmünzen zuschicken ließ, die sie aus besonderen Anlässen hatte prägen lassen.

Am Anfang des 18. Jahrhunderts war Stettin noch Bestandteil des schwedischen Großreichs gewesen. Im Nordischen Krieg gegen Schweden, in dem sich Preußen schließlich auf die Seite Rußlands schlug, wurde die Vormachtstellung Stockholms im Ostseeraum gebrochen. Stettin ging 1720 in preußischen Besitz über.

Das Fürstentum Anhalt-Zerbst gehörte zu den kleinsten und ärmsten der zahllosen politischen Gebilde, die der Landkarte Deutschlands ihre farbige Unübersichtlichkeit verliehen. *Für das Haus Anhalt gilt nicht das*

Stettin, das Schloß

Recht der Primogenitur; alle Prinzen eines Zweiges von Anhalt haben ein Recht auf Teilung, und sie haben so oft geteilt, daß fast nichts mehr zu teilen übrigbleibt, bemerkte Katharina II. in ihren *Memoiren.*[5] Christian August (geb. 1690), ein Fürst aus dem Hause Anhalt-Zerbst, doch ohne ein Fürstentum, diente in der Armee des Preußenkönigs Friedrich Wilhelm I. Als Generalmajor befehligte er das Infanterieregiment Nr. 8 in Stettin. Am 8. November 1727 heiratete der Fürst die fünfzehnjährige Prinzessin Johanna Elisabeth von Holstein-Gottorp aus ebenfalls unvermögender Familie, die sich jedoch einer weitverzweigten, renommierten Verwandtschaft rühmen konnte. Das Paar bewohnte ein eher bescheidenes Haus in der späteren Großen Domstraße[6]; dort kam das erste Kind zur Welt. Es war ein Mädchen, das auf die Namen Sophie Auguste Friederike getauft wurde.

Trotz des Altersunterschieds von 22 Jahren und der grundverschiedenen Charaktere *lebten* Vater und Mutter *anscheinend ganz vorzüglich zusammen*, erinnerte sich Katharina: *Mein Vater zum Beispiel war sehr sparsam, meine Mutter dagegen recht verschwenderisch und freigebig. Meine Mutter liebte Vergnügungen und die große Welt außerordentlich, mein Vater schätzte die Zurückgezogenheit. Sie war heiter und mutwillig, er ernst und von großer Sittenstrenge. Aber beide hatten eine feste religiöse Grundlage und hielten die Gerechtigkeit hoch, namentlich mein Vater. Ich habe niemals einen in Grundsätzen wie Taten ehrenhafteren Mann gekannt, der höchste Achtung verdient. Strengste Rechtlichkeit leitete stets seine Schritte.*

Christian August, Fürst von Anhalt-Zerbst, Sophies Vater. Gemälde von Antoine Pesne

Johanna Elisabeth aus dem Hause Holstein-Gottorp, Sophies Mutter. Im Hintergrund Schloß Dornburg. Gemälde von Rosina Matthieu

Meine Mutter galt für klüger und geistvoller als mein Vater, aber er war ein Mann von rechtem und gediegenem Sinne mit reichen Kenntnissen. Er las gern, meine Mutter ebenfalls, aber alles, was sie wußte, war sehr oberfläch-lich. Ihr Geist und ihre Schönheit hatten ihr einen großen Ruf eingetragen, überdies beherrschte sie den Ton der großen Welt besser als mein Vater.[7]

Ehrgeiz, Mutwilligkeit, Lebhaftigkeit waren Eigenschaften, die Sophie von ihrer Mutter übernahm. *Kenntnisse* suchte sie sich anzueignen, nicht zuletzt auf den Reisen zu den Höfen der deutschen Verwandten. Von jener *Rechtlichkeit*, die das junge Mädchen an ihrem Vater schätzte, hat sich die Kaiserin allerdings, war ihre Eitelkeit verletzt, sah sie die selbst-herrscherliche Autorität gefährdet, oft genug beschämend weit entfernt.

Erzieherische Qualitäten besaß Johanna Elisabeth kaum; bei Sophies Geburt war sie noch nicht einmal siebzehn Jahre alt. Zudem zeigte sich die junge Mutter nicht gerade begeistert darüber, daß ihr erstes Kind ein Mädchen war; sie hatte sich einen Sohn gewünscht. *Meine Mutter wäre bei meiner Geburt fast gestorben und schwebte noch lange nachher zwischen Tod und Leben... Sie kümmerte sich nicht viel um mich. Sie schenkte an-derthalb Jahre nach mir einem Sohn das Leben, den sie abgöttisch liebte. Ich war nur geduldet und wurde oft streng und hart behandelt und nicht immer gerecht; ich fühlte das, ohne jedoch über meine Empfindungen schon ganz klar zu sein.*[8]

Psychologisch versierte Biographinnen der großen Kaiserin haben ge-rade an dieser Stelle der Erinnerungen eingehakt. Weil Katharina als Kind die Mutterliebe entbehrte, meinten sie, trieb es die reife Frau, sich mit immer neuen Liebhabern schadlos zu halten. Wie dem auch gewesen sein mag, über den Kummer der frühen Jahre kam Sophie bald hinweg. Ressentiments der Mutter gegenüber blieben jedoch ein Leben lang zurück.

Höchstes Lob spendete Katharina dagegen ihrer langjährigen Erziehe-rin, der schon erwähnten *Mademoiselle Cardel*, der sie im Alter von etwa vier Jahren anvertraut wurde. Die Französin Elisabeth (Babet) Cardel stammte aus einer Hugenottenfamilie, die in Brandenburg-Preußen Zu-flucht gefunden hatte. *Sie war ein Muster von Tugend und Klugheit... geduldig, sanft, heiter, gerecht, beständig, kurzum so, daß man nur allen Kindern jemand wie sie wünschen könnte.*[9] Die Gouvernante, die gern las (Racine, Corneille, Molière), weckte zwar Sophies Interesse an Büchern, *aber ich las kaum mehr als ich eben mußte. Frühzeitig war mein gutes Gedächtnis bemerkt worden, deshalb wurde ich beständig mit Auswendig-lernen gequält; erst waren es Bibelsprüche, dann Fabeln von Lafontaine.* Dem Lehrer Wagner, einem lutherischen Geistlichen im Regiment des Vaters, stellte Katharina ein schlechtes Zeugnis aus. Dieser *langweilige Pedant* (Brief an Grimm) kam mit seiner Schülerin offenbar gar nicht zurecht, die nicht alles glauben wollte, was ihr der *Kirchenmann* erzählte. War es nicht *ungerecht*, daß Titus, Mark Aurel und andere große tugendhafte Männer des Altertums verdammt sein sollten, weil sie das christliche Heil nicht gekannt hatten? Die Auskunft des Pastors, vor der Erschaffung unserer Welt habe nur Chaos geherrscht, befriedigte die junge Dame nicht. Auf ihre Frage, was es mit der Beschneidung auf sich habe, verweigerte der Geistliche eine Erklärung. Babet mußte vermittelnd eingreifen, um die Streitigkeiten zwischen Lehrer und Schülerin zu beenden. Die Schrecknisse des Jüngsten Gerichts und den schweren Weg zur Erlösung malte Herr Wagner so «realistisch» aus, daß er *mich fast schwermütig gemacht hätte. Einmal im Herbst ging ich jeden Tag um die Dämmerstunde in eine Fensternische, um mich auszuweinen.* Babet bemerkte es schließlich, erforschte den Grund und verbot dem Pastor solche Reden.

Guten Gründen und Freundlichkeit, konstatierte Katharina mit Bezug auf das Verhalten ihrer Erzieherin, habe sie sich niemals verschlossen, jedem Widerstand dagegen, wie dem des Lehrers Wagner, immer den eigenen Widerstand entgegengesetzt.[10] Bemerkungen wie diese lassen die beschönigende Tendenz der *Memoiren* erkennen, die ja, wie die Erinnerungen anderer Persönlichkeiten auch, einer sehr subjektiven Betrachtungsweise unterliegen. Worten und Taten Katharinas II. lag stets Berechnung zugrunde; die Eigenreklame, Public Relations ist der treffende moderne Ausdruck, gehörte zum ständigen Instrumentarium der Politik dieser Zarin.

Ehrgeiz, die von der Mutter übernommene Eigenschaft, verspürte die Prinzessin schon als Kind: *Die erste ehrgeizige Regung, die ich in mir gefühlt habe, hat Herr Bolhagen angefacht, der Untergouverneur und Ratgeber meines Vaters. Im Jahre 1736 las er in meinem Zimmer den Bericht von der Hochzeit der Prinzessin Auguste von Sachsen-Gotha, meiner Cousine zweiten Grades, mit dem Prinzen von Wales. Er sagte dabei zu Mademoiselle Cardel: «Wissen Sie, diese Prinzessin ist wirklich viel schlechter erzogen als unsere, sie ist auch nicht hübsch, und trotzdem ist sie nun bestimmt, Königin von England zu werden* (was sie allerdings dann doch nicht wurde). *Wer weiß, was aus unserer noch wird?» Er fing an, mir Weisheit, alle christlichen Tugenden und Sittenstrenge zu predigen, damit ich würdig wäre, eine Krone zu tragen, wenn mir je eine beschieden sein sollte. Diese Krone ging mir nun nicht mehr aus dem Kopf, und sie hat mich seitdem viel beschäftigt.*[11]

Über die geistigen Fähigkeiten der jungen Fürstentochter ist uns ein nüchternes Urteil überliefert, das Beachtung verdient, weil es die Zeugin unterläßt, der Emporgestiegenen im nachhinein zu schmeicheln. Die Baronesse von Printzen, eine Freundin der Mutter Sophies, äußerste sich so: «Ich habe die Prinzessin aufwachsen sehen, ihre Lehrjahre und Fortschritte verfolgt; ich habe ihre Sachen einpacken helfen, als sie nach Rußland reiste. Ich genoß ihr Vertrauen so sehr, daß ich sie besser als sonst jemand zu kennen meinte; aber nie hätte ich mir denken können, daß sie solchen Ruhm erlangen werde. Zur Zeit ihrer Jugend nahm ich an ihr

Sophie von Anhalt-Zerbst: «Bis zum Alter von vierzehn Jahren war ich von meiner Häßlichkeit fest überzeugt.» Gemälde von Anna Rosina Liszweska

einen ernsten, berechnenden und kalten Verstand wahr, welcher im übrigen nichts Besonderes erwarten ließ, nichts Glänzendes darbot, aber allerdings gleich weit entfernt war von Verirrung, Laune oder Leichtsinn. Ich hielt sie für ganz gewöhnlich begabt.»[12]

Auch die Mutter schien, folgt man Katharinas *Memoiren*, von den Anlagen ihrer Tochter keine allzu hohe Meinung zu haben. Anders Graf Gyllenborg, ein schwedischer Diplomat, der Sophie und ihre Mutter in

Hamburg, wo Sophies Großmutter mütterlicherseits lebte, näher kennengelernt hatte. *Er sah, daß meine Mutter mich nicht sehr beachtete, und sagte eines Tages zu ihr: «Madame, Sie kennen das Kind nicht; ich versichere Sie, es hat mehr Geist und Vorzüge als Sie ihm zutrauen; ich bitte Sie darum, sich mehr mit dem Mädchen zu beschäftigen als bisher. Ihre Tochter verdient das in jeder Hinsicht.»* Gyllenborgs *edelste Lebensregeln, die man jungen Leuten nur geben kann,* waren der aufmerksamen Zuhörerin von *Nutzen.* Den guten Rat des Grafen und seine aufrichtigen Komplimente wußte Katharina auch später, in Rußland, sehr zu schätzen.[13] Wie wichtig es sei, die geistigen Anlagen zu entwickeln, hörte die Prinzessin auch von anderer Seite. Sophie Auguste Friederike war nämlich kein hübsches Kind; man sagte ihr sogar oft, sie sei häßlich und müsse deshalb versuchen, die inneren Werte zu zeigen. *Bis zum Alter von vierzehn oder fünfzehn Jahren war ich von meiner Häßlichkeit fest überzeugt. Deshalb habe ich mich tatsächlich mehr bemüht, innere Vorzüge zu erwerben und war weniger auf mein Äußeres bedacht.*[14]

Von schweren Krankheiten blieb Katharina zeit ihres Lebens verschont. Als Kind allerdings machte sie ihren Eltern große Sorgen. Nach einem dreiwöchigen Krankenlager – die Siebenjährige hatte sich eine Brustfellentzündung zugezogen – wurde eine Rückgratverkrümmung festgestellt. *Meine rechte Schulter war höher als die Linke, die Wirbelsäule hatte Zickzackform angenommen... Meine Eltern waren sehr unglücklich, daß eines ihrer Kinder* (der gehbehinderte jüngere Bruder) *lahm, das andere krumm sein sollte.*[15] Dem Fürstenpaar war die Sache offenbar sehr peinlich; alle Bediensteten wurden zu strengem Stillschweigen verpflichtet. Wahrscheinlich befürchteten die Eltern, die Heiratsaussichten des Mädchens würden beeinträchtigt, wenn sich ihr Leiden herumspräche. Deshalb versuchten sie in größter Heimlichkeit, in Stettin jemanden zu finden, der Verrenkungen zu heilen wüßte. Der einzige, der dafür in Frage kam, war der Henker der Stadt. Nach langem Zögern und vielen Bedenken wurde der Mann schließlich geholt. Nur Babet Cardel und ein Kammermädchen waren eingeweiht. Eigenhändig fertigte der «Experte» ein Korsett an, das Sophie zusammen mit Bandagen ständig tragen mußte. Nach anderthalb Jahren zeichnete sich eine Besserung ab, doch erst im Alter von elf Jahren durfte die Patientin auf das unbequeme Korsett verzichten. Fortan erfreute sich Sophie bester Gesundheit und *sehr großer Lebhaftigkeit.* Sie tollte in den Räumen und Gängen des Stettiner Schlosses umher, so wie sie es in dem zitierten Brief an Baron von Grimm beschrieben hat. Denn mittlerweile war Fürst Christian August zum Kommandanten der preußisch-pommerschen Festungsstadt avanciert und somit berechtigt, im Stadtschloß Wohnung zu nehmen; später wurde er Gouverneur.

Fieke, wie die junge Prinzessin Sophie Auguste Friederike in der Familie genannt wurde, war häufig auf Reisen. Schon als Drei- oder Vierjährige durfte sie die Mutter bei einem Besuch der Großmutter in Hamburg begleiten. Man ging in die berühmte Oper.[16] Es gab ein schrecklich aufregendes Stück mit Kampfgetümmel und einer schluchzenden Heldin. Die kleine Besucherin war so ergriffen, daß sie anfing, laut zu heulen, und nach Hause geschickt werden mußte. In Hamburg, einer Stadt, *wo es alle Tage neue Vergnügungen gab*, ist Sophie noch oft gewesen. Andere Kindheitserinnerungen sind mit Dornburg verbunden, einem ländlichen Schloß in Anhalt, der *Apanage* des Vaters.

Sophies Mutter war von einer Patin und Verwandten, der Herzogin Elisabeth Sophie Marie von Braunschweig-Wolfenbüttel, erzogen worden. Am Hof von Wolfenbüttel hatte auch ihre Hochzeit stattgefunden. Jetzt war die Herzogin verwitwet, doch in ihrem Schloß, dem Grauen Hof zu Braunschweig, war nach wie vor *wahrhaft königlicher Glanz, Pracht und Großartigkeit der höfischen Lebensführung.* Kein Wunder, daß die junge lebenslustige Fürstin von Anhalt-Zerbst den Einladungen ihrer Patin so oft und so lange wie möglich folgte, um dem vergleichsweise tristen Leben in Stettin oder in Dornburg zu entfliehen. Fieke wurde mitgenommen und verlebte alljährlich in Braunschweig drei oder vier herrliche Monate: *Bälle, Opernaufführungen, Konzerte, Jagden, Spazierfahrten, Gastmähler wechselten Tag für Tag ab.* Interessante Leute kamen und gingen. Auch Mitglieder des preußischen Königshauses schienen sich am Hof der Braunschweiger recht wohl zu fühlen, denn mit dem Aufwand, der dort getrieben wurde, konnte Berlin nicht konkurrieren, wo der sparsame «Soldatenkönig» Friedrich Wilhelm I. das Regiment führte. In Braunschweig, erinnerte sich Katharina, sah sie den preußischen Landesvater. Sophie war vier Jahre alt. Sie müsse, hatte man der kleinen Prinzessin gesagt, dem König den Rock küssen. Das Kind trat zu ihm und versuchte, seinen Rock zu ergreifen. Als der König abwehrte, wandte sich Sophie zu ihrer Mutter und sagte ganz böse zu ihr: *Sein Rock ist zu kurz, ich komme nicht heran. Weshalb hat er keinen längeren? Er ist doch reich genug.* Friedrich Wilhelm wollte wissen, was sie gesagt hatte. «Das Mädchen ist naseweis», meinte der Monarch, der auch an der Kleidung zu sparen pflegte. Er lachte zwar, aber gefreut hat er sich über die Bemerkung nicht. So jedenfalls erzählte es Johanna Elisabeth ihrer Tochter. (Nach einer früheren Version der *Memoiren* trug sich der Vorfall nicht in Braunschweig zu, sondern in Stettin.[17]) Gelegentlich war vom fernen russischen Zarenreich die Rede. Denn auch Peter I. hatte die weitreichenden und vornehmen verwandtschaftlichen Verbindungen des Hauses Braunschweig zu schätzen gewußt. Er arrangierte eine Ehe zwischen seinem Sohn Alexej und der Wolfenbütteler Prinzessin Charlotte Christine Sophie. (Die Prinzessin gebar am 12. Oktober 1715 einen Sohn, den späteren Zaren Peter II., und starb zehn Tage danach an den Folgen der Ge-

Prinzessin Sophie. Gemälde von Antoine Pesne

burt.) Charlottes Mutter lebte noch in Braunschweig; Katharina hat sich
an die alte Dame erinnert. Auch andere Braunschweiger zogen nach
Rußland, wie wir gesehen haben.[18]

Auf der Reise von Stettin nach Braunschweig oder auf dem Rückweg
machte Johanna Elisabeth meist in Zerbst oder in Berlin Station, besonders dann, wenn sich ihr Mann gerade an einem dieser Orte befand. Im
Alter von acht Jahren war Sophie zum erstenmal mit ihrer Mutter in der
Residenz der Hohenzollern. Damals entstand beim Spiel die Freund-

schaft mit dem drei Jahre älteren Prinzen Heinrich (von Preußen).[19] Bei einer späteren Begegnung mit dem Prinzen in Berlin – Sophie war fast dreizehn Jahre alt – *zeichnete mich Prinz Heinrich sehr aus, das heißt, auf jedem Ball tanzten wir entweder ein Menuett oder eine Contredanse zusammen. Da hörte ich eines Tages, daß Philippine Charlotte, die Herzogin von Braunschweig, die Schwester des Prinzen, meiner Mutter etwas über das Interesse ihres Bruders für mich zuflüsterte. Erst dadurch begann ich zu merken, daß mir Aufmerksamkeiten erwiesen wurden. In meiner Unschuld hatte ich gar nicht darauf geachtet. Außerdem glaubte ich nicht von mir, ich könne gefallen, und verwandte keine Sorgfalt auf Putz, denn man hatte mir einen Abscheu gegen jede Koketterie eingeflößt. Ich wußte nicht einmal, was das war, und kannte nur das Wort.*[20] Für den Flirt also interessierte sich Sophie noch nicht, um so mehr gefiel ihr der *Berliner Karneval.* Die Neigung des Prinzen Heinrich für die kleine Prinzessin blieb auch sonst nicht verborgen und gab zu Eifersüchteleien Anlaß. Denn auch andere junge Männer bemerkten das Mädchen, das inzwischen gar nicht mehr häßlich war und sich so natürlich bewegte.

Das Jahr 1742 brachte wichtige persönliche und politische Veränderungen. Johanna Elisabeth verließ mit ihren Kindern Stettin und übersiedelte nach Schloß Dornburg. Christian August war schon im Jahr zuvor mit seinem Regiment in ein Militärlager bei Brandenburg abkommandiert worden.[21] Die Familienangehörigen konnten ihn dort besuchen. Sophie hat ihre Geburtsstadt nicht wiedergesehen. Im Sommer starb Wilhelm Christian Friedrich, Sophies Bruder, im Alter von knapp zwölf Jahren. *Meine Mutter war untröstlich, und es war die Gegenwart der ganzen Familie nötig, ihr diesen Schmerz tragen zu helfen.* Zu dieser Zeit war Johanna Elisabeth schwanger; sie gebar am Jahresende eine Tochter, die jedoch nur zwei Jahre alt wurde. Am 7. November starb Johann August, der regierende Fürst von Anhalt-Zerbst. Johann Ludwig, sein ältester Vetter, kam für die Nachfolge in Betracht. Da Johann Ludwig unverheiratet war, sein Bruder Christian August aber Kinder hatte, einigte man sich darauf, daß beide Brüder gemeinsam regierten. (Christian August quittierte erst später mit dem Rang eines Feldmarschalls den Dienst im preußischen Heer.) Sophies Eltern richteten sich mit den Kindern im Schloß zu Zerbst ein; Johann Ludwig hielt sich, wie zuvor als Stadthalter, meist in Jever auf.[22]

Denn das Fürstentum Anhalt-Zerbst, so klein und aufgesplittert es auch war, hatte sogar eine auswärtige Besitzung: die friesische Herrschaft Jever, die 1667 durch Vererbung an Anhalt-Zerbst gefallen war. Anfang September 1743 nahmen die neuen Souveräne in Jever die Huldigung ihrer Untertanen entgegen. Sophie war dabei; da die Herrschaft Jever in der weiblichen Linie weitervererbt wurde, galt sie dort als künftige Regentin. Die Huldigung selbst, die mit großem Aufwand vonstatten ging,

Schloß zu Zerbst

scheint auf die Vierzehnjährige keinen großen Eindruck gemacht zu haben, denn in den *Memoiren* ist davon keine Rede. Wichtiger als Zeremoniell und Etikette waren die lustigen Fahrten in die Umgebung, die neuen Bekanntschaften in den norddeutschen Residenzen. Katharina erinnerte sich an das *schöne Schloß* im ostfriesischen Aurich und vor allem an den Besuch in der Herrschaft Varel. Im Vareler Schloß freundete sich die Prinzessin mit Charlotte Sophie von Aldenburg an, der geschiedenen Gräfin von Bentinck, einer für ihre Zeit emanzipierten, mutigen Frau. (An den europäischen Höfen war die Gräfin von Bentinck wohlbekannt; sie erschien dort persönlich, um im Rechtsstreit mit ihrem ehemaligen Mann ihre Ansprüche geltend zu machen; mit Voltaire, Friedrich II., Maria Theresia stand sie im Briefwechsel.) *Frau von Bentinck kam uns zu Pferde entgegen. Ich hatte niemals Frauen reiten sehen und war entzückt darüber. Sie ritt wie ein Stallmeister... Ich war bei ihrer Toilette zugegen gewesen und verließ sie nicht; sie legte sich gar keinen Zwang an, zeigte sich einen Augenblick im Zimmer ihrer Mutter, wo auch die meine war, und sofort fingen wir an, im Vorzimmer einen Steiermärker zu tanzen. Das lockte alles an die Tür, uns zuzuschauen, und ich bekam böse Schelte für* dieses Benehmen. *Trotzdem ging ich am nächsten Tag unter dem Vorwand eines Besuchs wieder in Frau von Bentincks Zimmer, denn ich fand sie entzückend. Und wie sollte sie mir auch anders erscheinen? Ich zählte vierzehn Jahre; sie ritt, tanzte, wenn sie in der Stimmung war, sang, lachte, sprang wie ein Kind, obgleich sie damals gut dreißig Jahre war. Von ihrem Mann lebte sie schon getrennt... In einem der Gemächer war ein Porträt des Grafen Bentinck, der ein sehr schöner Mann gewesen sein mußte. Die Gräfin sah es an und sagte: «Wenn er nicht mein Gemahl gewesen wäre, hätte ich ihn wahnsinnig geliebt!»* Als Frau, schrieb Katharina, stand die Gräfin *ein wenig zu sehr über dem, was die Welt sagt. Sie hatte eine Figur wie ein Mannweib, war häßlich, besaß aber Geist und Bildung.* Sophies schnelle Freundschaft mit dieser unkonventionellen Dame mißfiel den Eltern der Prinzessin außerordentlich, vor allem dem Vater. Später wollte Fieke unbedingt auch einmal ein Pferd besteigen, aber ohne die Erlaubnis des Vaters wagte sie es nicht: *Die Gräfin übernahm die Verhandlungen und erlangte die Erlaubnis durch ihre Aufdringlichkeit. So setzte sie mich auf das Pferd, und ich machte mehrere Runden im Schloßhof. Von dem Tag an wurde diese Leibesübung meine Hauptleidenschaft für sehr lange Zeit; wenn ich meine Pferde sah, ließ ich alles für sie im Stich. Meine Eltern verließen Varel bald wieder und kehrten nach Jever zurück. Ich glaube, das geschah zum Teil, um mich den Klauen dieser Frau zu entreißen: Sie leistete meiner natürlichen Lebhaftigkeit zuviel Vorschub, die ohnehin sehr dazu neigte überhandzunehmen und notwendigerweise gezügelt werden mußte. Denn im Alter von vierzehn Jahren ist man für vorsichtige oder weise Überlegungen nicht sehr empfänglich.*[23]

Heiratspläne

Von einer Krone für Prinzessin Sophie Auguste Friederike wurde im Hause Anhalt-Zerbst, wie wir den *Memoiren* entnommen haben, frühzeitig gesprochen. Vier Jahre vor Sophies Friesland-Reise war es zu einem Zusammentreffen gekommen, das den Träumen von Königswürden neue Nahrung gab. Adolf Friedrich von Holstein-Gottorp, Fürstbischof von Lübeck und Administrator von Holstein, der älteste Bruder Johanna Elisabeths, lud die Verwandtschaft ein, sich in seiner Residenz im Schloß zu Eutin zu versammeln. Er wollte der Familie sein neues Mündel präsentieren, Karl Peter Ulrich, den Sohn seines Vetters, des Herzogs Karl Friedrich von Holstein-Gottorp, der einige Monate zuvor verstorben war. Karl Peter Ulrich, elf Jahre alt, hatte Ansprüche aufzuweisen, die ihn zu einer höchst begehrenswerten Partie machen mußten; Ihm sollte die Krone Schwedens zufallen, denn sein Vater war ein Neffe Karls XII., des legendären schwedischen «Heldenkönigs». Andere sahen den Knaben schon auf dem Thron des russischen Zaren, denn Anna Petrowna, die frühverstorbene Mutter des jungen Prinzen, war eine Tochter Peters des Großen gewesen. So wurde Karl Peter Ulrich von den Verwandten kritisch unter die Lupe genommen. Auch Katharina hat sich in ihren Erinnerungen mit unterschiedlichen Akzenten mit dem späteren Großfürsten von Rußland, dem sie angetraut wurde, beschäftigt, der als Zar Peter III. in der russischen Geschichte eine kurze, tragische Rolle spielte. *Damals, 1739, sah ich zum ersten Mal den Großfürsten, der wirklich hübsch, liebenswürdig und wohlerzogen war. Man erzählte sich geradezu Wunderdinge von dem elfjährigen Knaben. Meine Mutter, die damals sehr schön war, gefiel ihm; er machte ihr den Hof. Ich beachtete ihn kaum, aber ich hörte, wie meine Onkels und Tanten, Brümmer (der schwedische Erzieher des Herzogs) und alle ganz Intimen hie und da ein Wörtchen fallen ließen, das mich glauben machte, man könnte uns vielleicht füreinander bestimmen. Ich fühlte keinerlei Widerstreben dagegen. Ich wußte, daß er über kurz oder lang König von Schweden sein würde, und obwohl ich noch ein ganzes Kind war, schmeichelte doch der Titel Königin meinem Ohr. Seit jener Zeit neckte mich meine Umgebung mit ihm, und allmählich gewöhnte ich mich an den Gedanken, für ihn bestimmt zu sein.* Als Katharina dies niederschrieb war ihr Mann noch am Leben; später, als Kaiserin, Peter III. war

Karl Peter Ulrich, ein Enkel Peters des Großen, wird als Großfürst Peter Fjodorowitsch zum russischen Thronfolger bestimmt. Gemälde von Georg Christoph Grooth

eines gewaltsamen Todes gestorben, erinnerte sie sich vor allem an die negativen Seiten des ungeliebten Gemahls: *... doch war schon damals die Neigung für den Wein bemerkbar und Widerwillen gegen alles, was ihm irgendwie unbequem war. Meiner Mutter trat er näher, aber mich konnte er nicht leiden; er war eifersüchtig auf die Freiheit, die ich genoß, während er von Lehrern umringt war und jeder seiner Schritte geregelt und gezählt wurde.* Und schließlich in der spätesten Fassung der *Memoiren*, die in den letzten Lebensjahren der Kaiserin entstanden ist: *Damals hörte ich sagen, der junge Herzog neige zum Trunke, und seine Umgebung hindere ihn nur mit Mühe, sich bei Tisch zu betrinken, er sei spöttisch und jähzornig, liebe seine Umgebung, namentlich Brümmer, nicht... Seine Umgebung wollte den Knaben als Erwachsenen scheinen lassen, und deshalb wurde er belästigt und dem steten Zwang unterworfen, der ihn falsch machen mußte von seiner äußeren Haltung bis zu seinem Charakter.*[24] Mitgefühl klang an als Katharina im Zusammenhang mit Peters Charaktermängeln auf die *verfehlte Erziehung* und auf das *Zusammentreffen unglücklicher Umstände* verwies.

Tatsächlich hatte Karl Peter Ulrich eine traurige Kindheit. Die Mutter, Anna Petrowna, starb zwanzigjährig, drei Monate nach der Geburt des Sohnes. *Sie starb an der Schwindsucht und aus Gram darüber, daß sie in der kleinen Stadt Kiel in Holstein leben mußte und sich noch dazu so schlecht verheiratet hatte.* Karl Friedrich, ihr Mann, *war ein schwacher Fürst, zudem häßlich, klein, kränklich und arm.* Der mutterlose Junge wuchs unter der Aufsicht von Männern heran, uninteressierten Dienstboten, Höflingen, die ihn für ihre Zwecke beeinflussen wollten. Er wurde nicht nur seelisch, sondern auch körperlich vernachlässigt, hatte oft keine regelmäßigen Mahlzeiten und nicht genügend Bewegung in freier Luft. Sophie fiel Peters blasse Gesichtsfarbe auf, er schien ihr mager und von zarter Konstitution zu sein. Man zwang ihn, auch wenn er sich nicht wohl fühlte, Repräsentationspflichten wahrzunehmen, an geselligen Veranstaltungen teilzunehmen und *ließ ihn Tag und Nacht nicht aus den Augen.* Der Vater und später der Vormund kümmerten sich um die Erziehung kaum, die dem Oberhofmarschall Brümmer anvertraut wurde. *Der junge Fürst haßte Brümmer aus tiefster Seele, er fürchtete ihn und warf ihm übermäßige Strenge vor.* Später, in St. Petersburg, hat sich der Großfürst oft über die schlechte Behandlung beklagt, die ihm in Kiel zuteil wurde.[25]

Wann immer im Hause Anhalt-Zerbst Heiratspläne für Prinzessin Sophie geschmiedet wurden, war Karl Peter Ulrich ein Wunschkandidat. Vorerst allerdings verlor die Prinzessin den blassen jungen Herzog etwas aus den Augen, denn es stellten sich Interessenten ein, die Sophie in aller Form zur Frau begehrten. Ein Prinz von Sachsen-Gotha zum Beispiel, er war schon vierzig, hielt sich zu Besuch in Zerbst auf und saß beim Gottesdienst immer neben Fiekchen. Er hielt um Sophies Hand an, wurde jedoch von Fürst Christian August abgewiesen. Der Bewerber verlobte sich daraufhin mit Sophies dreiunddreißigjähriger Tante Anna aus Holstein, die er bald darauf heiratete. Echte Zuneigung war offensichtlich bei Fiekes Onkel mütterlicherseits, Prinz Georg Ludwig, im Spiel. Der Bruder der Mutter war 24 Jahre alt, zehn Jahre älter als Sophie. Er bemühte sich sehr um seine Nichte und erwies ihr *ungezählte Freundlichkeiten. Ich hielt das für gute Freundschaft, und wir waren fast unzertrennlich.* Eines Tages,

Großfürstin Katharina Alexejewna, 19 Jahre alt.
Gemälde von Georg Christoph Grooth

während eines gemeinsamen Besuchs in Braunschweig, erklärte sich der Onkel und bat Sophie um das Versprechen, ihn zu heiraten. *Derartiges hatte ich ganz und gar nicht erwartet. Meine Freundschaft war rein... Die Liebe kannte ich gar nicht und hätte sie nie bei ihm vermutet.* Verblüfft antwortete Sophie: *«Sie scherzen, Sie sind mein Onkel, meine Eltern wer-*

den es nicht wünschen.» Der junge Mann erwies sich als ein zäher und eifersüchtiger, wenn auch *schüchterner Liebhaber.* Er brachte Fieke dazu, das Versprechen zu geben, sofern die Eltern nichts dagegen hätten. Der Mutter konnten die Bemühungen ihres Bruders um die Tochter nicht entgangen sein, aber sie schritt nicht ein. Karl Peter Ulrich war ja mittlerweile den Blicken entrückt; Kaiserin Elisabeth hatte ihn nach Rußland geholt. Da konnte es nichts schaden, wird sich Johanna Elisabeth gesagt haben, mehrere Eisen im Feuer zu haben. Sophie ließ sich die Küsse und die Umarmungen Georg Ludwigs gern gefallen, schließlich war sie *an ihn gewöhnt, er sah sehr gut aus und er hatte schöne Augen.* Im Grunde aber *ging alles höchst unschuldig zu.* Der junge Mann litt offenbar so sehr an Liebeskummer, daß Sophie schließlich nicht mehr wußte, was sie mit ihm anfangen sollte. *Er trank und aß nicht, verlor den Schlaf und vor allem seine natürliche Heiterkeit.* Und – *nicht vertragen konnte er es, wenn man den Namen des Prinzen Heinrich von Preußen aussprach, weil er glaubte, dieser habe eine Neigung für mich...*[26]

Während Sophie Auguste Friederike die Freuden ihrer unbeschwerten Jugend genoß, war die deutsche Prinzessin im fernen Rußland im Gespräch. Eine neue Zarin hatte die Macht übernommen; für ihren Thronfolger suchte sie eine passende Ehefrau.

Reise nach Rußland

Unter dem Jubel der Garde und der Petersburger Bevölkerung war Elisabeth Petrowna am 25. November 1741 zur Zarin proklamiert worden. Doch gänzlich unangefochten saß sie zunächst nicht auf dem Thron. Die Braunschweiger mit Iwan VI. Antonowitsch waren zwar hinter Schloß und Riegel verschwunden, sie blieben jedoch Prätendenten und hatten ihre Anhänger. Auch Karl Peter Ulrich von Holstein-Gottorp hatte, als Enkel Peters des Großen, Ansprüche auf den russischen Thron. Elisabeth, 32 Jahre alt, war unverheiratet geblieben. Um ihre Position zu festigen und die verworrenen dynastischen Verhältnisse zu klären, wollte sie schnellstmöglich einen rechtmäßigen Thronfolger präsentieren. Sie ließ den vierzehnjährigen Karl Peter Ulrich, ihren Neffen, aus Kiel nach St. Petersburg kommen und tat damit kund, daß sie seine Ansprüche respektierte. Nachdem Karl Peter Ulrich, der lutherisch erzogen wurde, zur orthodoxen Kirche übergetreten war (7. November 1742), wurde er mit dem Titel eines Großfürsten offiziell zum Nachfolger Elisabeths ernannt. Er hieß von da an Peter Fjodorowitsch.

In der weitverzweigten Familie von Holstein-Gottorp wurde der Umsturz in Rußland lebhaft begrüßt. Johanna Elisabeth, die Fürstin von Anhalt-Zerbst, wußte um die guten Gefühle der neuen Zarin für die Holsteiner. War doch Elisabeth Petrowna einst mit Johannas ältestem Bruder, Karl von Holstein-Gottorp, verlobt gewesen, der aber, ehe es zur Eheschließung kam, in Rußland an den Pocken starb. Elisabeth hatte ihre Jugendliebe aufrichtig betrauert und war mit Karls Verwandten in Verbindung geblieben. Die Fürstin gratulierte der Kaiserin und erhielt umgehend Antwort. Elisabeth erbat ein Bild ihrer verstorbenen Schwester Anna Petrowna; als Gegengabe traf aus Rußland ein mit Edelsteinen verziertes Porträt der Kaiserin ein. Unterdessen, Karl Peter Ulrich war zum Thronfolger auserkoren, sorgte Johanna Elisabeth dafür, daß auch Bilder ihrer Tochter Sophie an den Zarenhof gelangten.

Damit die Nachfolge auch für künftige Generationen gesichert werde, war es angezeigt, Großfürst Peter Fjodorowitsch so schnell wie möglich zu verheiraten. Natürlich kam nur eine ausländische europäische Prinzessin in Betracht, eine Eheschließung, die zarischem Selbstbewußtsein

Elisabeth Petrowna, eine «echte» Russin.
Gemälde von Pietro Antonio Rotari

schmeichelte und die, nach Möglichkeit, auch außenpolitisch von Nutzen war. Königstöchter aus England, Frankreich, Preußen und Sachsen wurden von den verschiedenen interessierten Seiten ins Gespräch gebracht. Die orthodoxe Geistlichkeit warnte vor einer katholischen Kandidatin; sie könne, meinte der russische Klerus, der rechtgläubigen Kirche gefährlicher werden als eine Protestantin. Elisabeth selbst hätte gern eine preußische Prinzessin als Großfürstin gesehen. Friedrich II., der König von Preußen, winkte jedoch entschieden ab. Er wollte seine Verwandtschaft offenbar nicht den undurchschaubaren russischen Verhältnissen aussetzen. Berlin suchte aber auch zu verhindern, daß die sächsische Prinzessin Marie Anna, Tochter des polnischen Königs August III., nach Rußland gelangte, ein Plan, den Elisabeths Kanzler, Graf Bestuschew-Rjumin, verfolgte. (Dem Kanzler ging es um ein weitgespanntes Bündnis gegen Friedrichs aggressive Politik.) Friedrich II. schrieb an seinen Petersburger Gesandten, Heinrich Freiherrn von Mardefeld: «Um das sächsische Projekt zu zerstören, schlagen Sie doch eine Prinzessin aus irgendeinem alten herzoglichen Haus Deutschlands vor. Hinsichtlich meiner Schwestern kennen Sie meine Ansicht – ich gebe keine nach Rußland. Ich wundere mich, daß die Kaiserin nicht bei ihrer Wahl der Prinzessin von Zerbst stehen bleibt, da sie von holsteinischem Geschlecht ist, das die Kaiserin so sehr liebt. Es sind auch in Hessen-Darmstadt noch zwei Prinzessinnen, von denen die eine 20 und die andere 18 Jahre ist.»[27] Mit Blick auf die Zarin Elisabeth, so hieß es, habe der Preußenkönig dem Vater seiner Kandidatin, dem Fürsten von Anhalt-Zerbst, die unverdient hohe Würde eines Feldmarschalls verliehen, als dieser seinen Dienst in der preußischen Armee quittierte. Ohne Zweifel haben die Initiativen Friedrichs II. Elisabeth bestärkt, Sophie Auguste Friederike von Anhalt-Zerbst zur Brautfahrt nach Rußland einzuladen.[28] Es war eine Wahl, die das russische Prestigedenken schließlich nicht zu bereuen brauchte. Die Einladung erging, nachdem ein Hindernis beseitigt worden war: Peter Fjodorowitsch und Sophie waren entfernt miteinander verwandt, Enkel von Geschwistern. Die russische Geistlichkeit wurde konsultiert, indem man, wie Alexander Brückner mitteilt[29], den Namen der Prinzessin verschwieg und nur den Grad der Verwandtschaft der für den Großfürsten bestimmten Braut angab. (Die Angelegenheit sollte hinter dem Rücken des Kanzlers Bestuschew-Rjumin entschieden werden.) Der orthodoxe Klerus erhob keine Einwände.

Am 1. Januar 1744, nach dem Gottesdienst in der Schloßkapelle, saß Fürst Christian August mit der Familie in seiner Zerbster Residenz bei Tisch. Da traf aus Berlin ein Eilkurier ein. Dem Fürsten wurde ein Stoß Briefe überreicht. Er riß den ersten Umschlag auf und gab seiner Frau einige für sie bestimmte Schriftstücke. Darunter war ein Schreiben des Oberhofmarschalls Brümmer, der seinerzeit seinen Zögling nach St. Petersburg begleitet und mit dem Johanna Elisabeth gelegentlich korrespondiert hatte. Im Auftrag der Kaiserin Elisabeth lud Brümmer die Fürstin ein, mit ihrer Tochter Sophie nach Rußland zu kommen, und zwar «so schnell wie möglich und ohne Zeit zu verlieren». Der wortreiche, vom 17. Dezember 1743 in St. Petersburg datierte Brief nannte den Grund der Einladung zwar nicht direkt, aus der Formulierung ging aber deutlich hervor, daß es in erster Linie um die «Prinzessin Tochter» ging, «von der das Gerücht so viel Schönes sagt». Wenige Stunden später wurde in der fürstlichen Residenz ein zweites Schreiben übergeben. Es kam ebenfalls durch einen Boten aus Berlin und war gleichfalls nur an die Fürstin gerichtet. Dieser Brief, mit Datum vom 30. Dezember, stammte vom Preußenkönig persönlich. Friedrich II. kam auf den Zweck der Einladung nach Rußland zu sprechen, auf die geplante Vermählung des Großfürsten mit Prinzessin Sophie, ein Gedanke, der ihm als erstem gekommen sei. Der König, wie auch der Oberhofmarschall, ersuchte darum, das Projekt streng geheim zu halten.[30]

Die Aufregung im Schloß war beträchtlich. *Als wir von Tisch aufgestanden waren, schlossen sich meine Eltern ein, und es gab großes Gelaufe im Hause; dieser und jener wurde gerufen, aber mir sagte man kein Wort. Drei Tage verliefen so.* Obgleich nun ein Wunsch der Fürstin in Erfüllung gehen sollte, schien Johanna Elisabeth, folgt man Katharinas Erinnerungen, zunächst wenig begeistert zu sein. Das lag wohl an der übergroßen Eile, die plötzlich verlangt wurde, und an der Geheimnistuerei, über die sich die künftige Brautmutter ärgerte. Fürst Christian August war ohnehin gegen die geplante Verbindung mit diesem «fremden Land», wo seine Tochter, wie er meinte, ohne die Nähe ihr vertrauter Menschen auf gefährliche Weise allein gelassen werde. Das war auch der Grund, weshalb der «Feldmarschall» demonstrativ desavouiert, das heißt, nicht einmal angesprochen wurde. Der Oberhofmarschall des Großfürsten ließ zudem unverblümt wissen, der Vater der Braut möge auf keinen Fall etwa auf die Idee kommen, die Frauen nach Rußland zu begleiten; «die Verhältnisse» erlaubten es der Kaiserin gegenwärtig nicht, den Fürsten zu sehen. Offenbar war in St. Petersburg das Tauziehen um die geeignetste Braut für den Thronfolger so weit gediehen, daß die Zarin ohne weitere Diskussionen vollendete Tatsachen schaffen wollte.

Und wie reagierte die jugendliche Prinzessin, als sie von der Mutter den Grund der Aufregung erfuhr? Zunächst mit zwiespältigen Gefühlen. Nach Rußland zu reisen, um dort zu heiraten, dagegen hatte sie gar nichts einzuwenden. Doch der Gedanke, das Elternhaus zu verlassen, namentlich den Vater, *der mich zärtlich liebte, berührte mich in diesem Augenblick so schmerzlich, daß ich anfing zu weinen. Mein Vater trat ein, küßte mich und sagte, er werde mich zu einem so wichtigen Schritt nicht zwingen... Er sei sich aller Bedenklichkeiten bewußt und wolle sich keinesfalls für später den Selbstvorwürfen aussetzen, mich unglücklich gemacht zu haben. – Ich brach in Tränen aus. Selten in meinem Leben bin ich so gerührt gewesen wie in diesem Moment; tausend verschiedene Empfindungen bewegten mich, Dankbarkeit für die Gütes meines Vaters, Besorgnis, ihm zu mißfallen, die Gewohnheit, ihm blindlings zu gehorchen, die zärtliche Liebe, die ich immer für ihn empfand. Die Hochachtung, die er wirklich verdiente, gewann schließlich die Oberhand.* So erinnerte sich Katharina glaubhaft, als sie zum erstenmal Memoiren zu Papier brachte.[31] In einer viel späteren Niederschrift, die Großfürstin in spe von damals war nun Kaiserin, tritt uns Sophie dagegen unbeirrt zielsicher entgegen. In ihrem Innersten, bemerkte die Zarin, hatte sie sich ja schon lange für den russischen Thronfolger bestimmt, *und zwar deshalb, weil von allen vorgeschla-*

genen Partien diese die glänzendste war. Als nun die geheimnisvollen Briefe eintrafen, habe sie gleich geahnt, um was es sich handelte. Sie wandte sich an die Mutter, die zunächst ausweichend antwortete. Nach einem eher scherzhaften Gespräch schrieb Sophie auf einen Zettel: *Augure de tout, que Pierre III. sera ton époux* (Die Vorzeichen sprechen: Peter III. wird dein Gemahl) und überreichte ihn der Fürstin. *Ich ergriff die Gelegenheit und stellte ihr vor, wenn man aus Rußland wirklich solche Vorschläge mache, dürften wir sie nicht abweisen, denn schließlich sei das doch ein Glück für mich. Sie meinte, wir liefen da auch manche Gefahr, wenn man bedenke, wie wenig geordnet die Verhältnisse dort seien. Ich entgegnete, der liebe Gott würde schon für die Ordnung sorgen, wenn solches sein Wille sei. Ich besäße den Mut, mich allem auszusetzen, und die Stimme meines Herzens sage mir, es werde alles gut gehen.* Bei so viel Selbstbewußtsein fiel es der Tochter scheinbar nicht schwer, den ablehnenden Vater zu überreden. *Ich setzte ihm auseinander, da es sich um mich handele, müsse er mir erlauben, ihn darauf aufmerksam zu machen, daß doch die Reise zu nichts verpflichte. Einmal dort angelangt, würden meine Mutter und ich sehen, ob es ratsam sei, lieber zurückzukehren oder nicht.*[32] Schweren Herzens willigte Fürst Christian August ein, daß Frau und Tochter nach Rußland reisten.

Brümmers Ratschläge, sprich Instruktionen, wurden genau befolgt. Damit das Geheimnis gewahrt bleibe, tat man in Zerbst kund, das Fürstenpaar reise mit der Tochter nach Stettin und mache auf dem Weg dorthin in Berlin Station. Dort wolle man, wie seit Jahren üblich, beim Karneval zugegen sein und, natürlich, dem königlichen Haus seine Aufwartung machen. (Johanna Elisabeth lag sehr daran, Friedrich II. für dessen Bemühungen in der Angelegenheit zu danken.) Bei allen hektischen Vorbereitungen, es ging vor allem um die Garderobe der Damen (Brümmer hatte vorsorglich einen Wechsel beigefügt), gab es für Sophie ein kleines Problem. Babet Cardel, die vertraute Erzieherin, wollte wissen, was eigentlich gespielt wurde, doch auch sie, vor der die Prinzessin kaum je ein Geheimnis gehabt hatte, durfte nichts erfahren. Zum erstenmal gerieten die beiden aneinander. *Wenn Sie mich lieb hätten, würden Sie es mir sagen...*, schmollte Babet. Doch Sophie sagte nichts. *Es tat mir leid, aber in diesem Augenblick waren meine Grundsätze stärker als meine Freundschaft*, wußte sich die Kaiserin zu erinnern. *Als der Tag der Abreise gekommen war, verabschiedete ich mich von Babet. Wir weinten beide, und ich wiederholte ihr immer wieder, wir reisten nur nach Berlin.* Am 10. Januar 1744 brachen die Herrschaften mit kleinem Gefolge von Zerbst auf.[33] Die preußische Hauptstadt war ihre erste Station.

Friedrich II. hatte einige diplomatische Mühen darauf verwandt, die Pläne des Grafen Bestuschew-Rjumin zu vereiteln und das gegen ihn gerichtete sächsische Heiratsprojekt zu Fall zu bringen. Tatsächlich war Preußen, politisch gesehen, in keiner guten Position. Durch den Bres-

Friedrich II. Gemälde von Antoine Pesne

lauer Frieden (1742) wurde zwar die Eroberung Schlesiens sanktioniert, doch seiner Beute konnte sich der Preußenkönig nicht völlig sicher sein. Österreich war nicht bereit, sich mit den erlittenen Niederlagen abzufinden. Die Zarin hielt sich, was den europäischen Konflikt betraf, zunächst zurück, während ihr für die Außenpolitik zuständiger Kanzler gegen Preußen agierte.[34] Generell ließ sich Elisabeth von Einflüssen aus Frankreich leiten, denn französische Diplomaten hatten sich bei ihrer Thronbesteigung Verdienste erworben. Friedrich II. war also daran interessiert, die Unsicherheiten der russischen Politik auszunutzen und Personen an den Zarenhof zu bringen, die Preußen wohlwollend, zumindest aber neutral gegenüber standen. Von einer Zerbster Prinzessin konnte man das erwarten.

Natürlich war der König begierig, diejenige persönlich kennenzulernen, für deren Kandidatur er sich so sehr verwendet hatte. Er arrangierte es so, daß Sophie eines Abends *bei der Redoute im Opernhaus* neben ihm an der Tafel saß; die Eltern der Prinzessin wurden an andere Tische placiert. Friedrich, der 32 Jahre alte Frauenverächter, bemühte sich sehr, galant zu sein. *Er sprach ständig mit mir, fragte mich nach tausenderlei, redete von der Oper, von der Komödie, von Poesie, Tanz, was weiß ich alles, von Dingen, über die man eben mit einem vierzehnjährigen Mädchen plaudern kann.* Anfangs war ich sehr schüchtern mit ihm, aber dann gewöhnte ich mich, und schließlich unterhielten wir uns ganz freundschaftlich, so daß die ganze Gesellschaft große Augen machte, daß Seine Majestät ein Gespräch mit einem Kind führte. Während der Unterhaltung, die Mahlzeit war eingenommen, ging einer der Hofbeamten, Friedrich nannte ihn beim Namen, an der Tafel vorbei. Der König ließ sich von Sophie eine Schale mit Süßigkeiten zureichen, gab sie seiner Nachbarin zurück und sagte: *«Geben Sie sie dem Herrn da.»* Er wandte sich dann jenem zu und sagte: *«Nehmen Sie die Gabe an aus der Hand der Amouren und der Grazien.»* Sophie *errötete* und tat, wie ihr geheißen. Nach diesem Kompliment hob Friedrich die Tafel auf. (Später, als Kaiserin, waren Katharina solche Einzelheiten ihrer Begegnung mit dem Preußenkönig offensichtlich peinlich. Sie erinnerte sich nur noch daran, daß Friedrich ihr *viel Verbindliches* gesagt habe und daß sie sich, *so gut es ging, aus der Affäre zog.*[35])

Am 16. Januar 1744 verließ die Reisegesellschaft Berlin. In Schwedt an der Oder, an der Straße nach Stettin, nahm Fürst Christian August *sehr zärtlichen Abschied* von seiner Tochter. *Es war das letzte Mal, daß ich ihn sah, und ich weinte bitterlich.* Der Fürst gab Sophie ein ausführliches «Pro Memoria» mit auf den Weg, Ratschläge für ihr Verhalten in der fremden russischen Umgebung. Es ist ein rührendes Dokument väterlicher Besorgtheit. Respekt gegenüber der Kaiserin und dem Großfürsten empfehle sich «auch nach der Regel, was du willst, das künftig dir geschehen soll, das tue auch». Mit den ihr zur Verfügung stehenden Geldern möge die künftige Großfürstin nicht zuletzt Gutes tun, um «Liebe und Zuneigung ihrer Clienten» zu gewinnen. Ausdrücklich warnte der Vater vor allzu vertraulichem Umgang am Zarenhof, es sei denn mit der Zarin selbst und mit dem Großfürsten, und schließlich: «Insonderheit in keine Regierungs-Sachen zu entrieren, um den Senat nicht zu aigrieren [zu reizen].» Von einer politischen Karriere seiner Tochter hielt Christian August nichts, wie man sieht.[36] Seiner Frau überreichte der Fürst eine Notiz religiösen Inhalts. Keinesfalls dürfe Sophie zu einem Glaubenswechsel, der von der künftigen Frau des russischen Thronfolgers erwartet wurde, gezwungen oder überredet werden, wenn sie selbst die orthodoxe Religion als in die Irre führend oder als anstößig empfinde. Lieber möge Sophie auf die geplante Verbindung verzichten, als daß sie ihrem Gewissen Gewalt antue.[37]

Durch Pommern, Ostpreußen und Kurland, das als Lehen Polen zugerechnet wurde, wo aber russische Truppen standen, ging die Winterreise, von deren Beschwernissen die Damen mancherlei nach Hause berichteten. Sophie verdarb sich den Magen, weil sie zuviel Bier getrunken hatte. Johanna Elisabeth klagte über ungeheizte Gästezimmer auf den Stationen, so daß die Reisenden gezwungen waren, in überfüllten Wirtsstuben zu übernachten. Die Fürstin reiste, wie von der Zarin vorgeschrieben, bis zur russischen Grenze inkognito, unter dem Namen einer Gräfin Reinbeck.

Beim Betreten russischen Territoriums wurden die Ankömmlinge aus Deutschland als Staatsgäste geehrt. In Riga gab es Salut, einen Empfang durch den Magistrat und ein persönliches Geschenk der Kaiserin Elisabeth für Johanna Elisabeth und Sophie: Mäntel und Kragen aus Zobel. Die Fürstin aus der deutschen Provinz war sehr angetan. Sie konnte es gar nicht fassen, «daß das alles für mich Arme geschieht, für die an einigen Orten die Trommel gerührt wurde und an anderen nicht einmal das geschah»[38].

Zeit zum Nachdenken fanden die Zerbster kaum, etwa über Glanz und Elend ihrer deutschen Landsleute am Zarenhof, über die «Braunschweiger Staatsverbrecher», die ganz in der Nähe, im Schloß Dünamünde, gefangengehalten wurden. Die Ehrengäste aus Deutschland wurden von diesem Tatbestand unterrichtet; es hieß, Anna Leopoldowna, ihr Mann Anton Ulrich von Braunschweig-Wolfenbüttel und deren Kinder sollten in ihre Heimat abgeschoben werden. Doch bald widerrief die Zarin diesen Befehl; die unglückliche Prätendentenfamilie wurde ins Landesinnere deportiert und dann in den Hohen Norden verbannt (vgl. «Cliquenkämpfe und Palastrevolten» [S. 10).

Nach dreitägigem Aufenthalt in Riga setzten die Reisenden am 9. Februar die Fahrt fort. Das war nach der russischen Zeitrechnung (vgl. den Hinweis auf S. 142) der 29. Januar. Ein prächtiger, mit Pelzen und Kissen ausgelegter Schlitten, in dem man liegen konnte, stand zur Verfügung. Am 3. Februar 1744, vier Wochen waren seit der Abreise aus Berlin vergangen, trafen Johanna Elisabeth und Sophie in St. Petersburg ein, in der Hauptstadt des Rußländischen Imperiums. Von dort ging es weiter nach Moskau, wo sich der Hof aufhielt. Denn unter der Kaiserin Elisabeth wurde das Reich von Zeit zu Zeit von der alten russischen Hauptstadt aus regiert. Dadurch sollte die Kontinuität russischer Politik, der enge Zusammenhang zwischen dem Rußland Peters des Großen und der alten traditionsreichen Russischen Erde demonstriert werden.

Die Frau des Thronfolgers

Allerdings: Von einem fremdartigen östlichen Lebensstil konnte Sophie auch in ihrer Moskauer Umgebung kaum etwas entdecken. Der Hof residierte nicht im Kreml, dem hergebrachten Sitz der Moskowiter Fürsten und der Zaren. Die Kaiserin und ihre Gäste wohnten in einem Palais am Ostrand der Stadt, in einem aus Holz gefertigten, aber verputzten Gebäude westeuropäischen Zuschnitts. Die Festlichkeiten und Vergnügungen, Empfänge, Bälle, Maskeraden, die den Damen aus Zerbst jetzt geboten wurden, die prunkvollen Toiletten und die gepuderten Frisuren, die sie sahen und die sie selbst trugen, hatten mit Rußland nichts zu tun. Die Zarin und der russische Adel richteten sich nach Versailles, sie schwelgten im Geist des Rokoko. Als Sophie und ihre Mutter der Kaiserin zum erstenmal begegneten[39], trug Elisabeth Petrowna einen *gewaltigen Reifrock. Ihr Kleid war aus Silberbrokat mit Goldtressen besetzt, sie trug eine schwarze Feder auf dem Kopf und viele Diamanten in einer Frisur aus eigenem Haar.* War *höchste Gala* angesagt, erschien die Zarin sogar am Vormittag *mit Juwelen beladen, an Kopf, Hals und Busen*[40].

Als eitelste und vergnügungssüchtigste der vier Zarinnen, die über Rußland herrschten, ist Elisabeth Petrowna in die Geschichte eingegangen.[41] Russische Zeitgenossen und bürgerliche Historiker haben der Tochter Peters des Großen ihren französischen «Anstrich» allerdings verziehen. Galt sie ihnen doch als «russische Natur», die auch mit einfachen Leuten ihrer Umgebung, Dienern, Mägden, Soldaten, geradezu freundschaftlich verkehrte, und der gewisse traditionelle Werte, vor allem auf religiösem Gebiet, viel bedeuteten. Immerhin holte sich Elisabeth ihre Liebhaber aus dem eigenen Volk, und als Kaiserin hatte sie die ausländischen Würdenträger durch Russen ersetzt. Auf den Adel konnte sich die Zarin schon deshalb verlassen, weil sie, zu Lasten der leibeigenen Bauernbevölkerung, die Privilegien der Aristokraten wesentlich vermehrte.

Das Eingewöhnen fiel der fünfzehnjährigen Prinzessin leicht, zumal sie das Wohlwollen der Kaiserin genoß, ihrer, wie sich schnell herausstellte, einzigen Bezugsperson dieses neuen Lebensabschnitts. Elisabeth Petrowna wollte nun, entgegen den erwähnten Widerständen, die Eheschließung so schnell wie möglich vollziehen lassen. Wie sehr der Zarin

Elisabeth, die Zarin des Volkes, liebt den Luxus.
Gemälde von Virgilius Eriksen

das Wohlergehen der künftigen Frau des Thronfolgers am Herzen lag,
wurde während einer schweren Krankheit deutlich, die Sophie Anfang
März 1744, bald nach ihrer Ankunft in Moskau, befiel. Der holländische
Hofarzt stellte eine Rippenfellentzündung fest und wollte die Patientin
zur Ader lassen. Die Mutter verweigerte ihre Zustimmung. Sie war der
Meinung, Sophie bekäme die Pocken, und argumentierte, durch Aderlaß
habe man ihren Bruder in Rußland an den Pocken sterben lassen. Die
Kaiserin hielt sich gerade anläßlich einer ihrer Wallfahrten im Sergius-
Dreifaltigkeits-Kloster[42] auf. Sie eilte sofort an das Krankenlager und
befahl, der ärztlichen Anordnung Folge zu leisten. *Sie hielt mich in den*

45

Armen, während man mir zur Ader ließ... Die Kaiserin schickte mir nach dem Aderlaß Ohrringe und eine Brillantenschleife im Wert von 25 000 Rubel. Man ließ mir sechzehnmal zu Ader, bevor der Abszeß aufbrach. Damit war, nach zweiwöchiger Krise, die Lebensgefahr überwunden. Am 21. April, ihrem Geburtstag nach der russischen Zeitrechnung, zeigte sich Sophie zum erstenmal wieder in der Öffentlichkeit.[43]

Auch der Großfürst erwies seiner Braut während der Krankheit und in der Zeit danach *große Aufmerksamkeiten*. Dennoch erkannte Sophie bald, daß sie keine normale, von den Gefühlen beider Partner getragene Ehe erwarten konnte. Einerseits schien sich Peter Fjodorowitsch über die Ankunft der ihm zugedachten Ehefrau, die er durchaus mochte, ehrlich zu freuen, andererseits überraschte er Sophie mit der Bemerkung, am meisten gefiele ihm an ihr, daß sie seine Cousine[44] sei. So könne er mit ihr, als seiner Verwandten, ganz offen sprechen. Er sei zwar in eine ehemalige Hofdame der Kaiserin verliebt, die den Hof aus anderen Gründen hatte verlassen müssen, und er hätte diese gern geheiratet. Nun aber wolle er Sophie nehmen, weil seine Tante, die Kaiserin, es so wünschte. Solche Reden hörte sich die Prinzessin aus Deutschland *errötend* an, *erstaunt über seine Unvorsichtigkeit.*

Fünf Jahre zuvor, in Eutin, hatte Sophie ihren Vetter zweiten Grades *wirklich hübsch* gefunden. *Jetzt konnte ich weder sagen, daß er mir gefiel, noch daß er mir nicht gefiel.* Eines allerdings mißfiel Sophie außerordentlich: Der sechzehnjährige Großfürst war für sein Alter *sehr kindisch. Von früh bis spät beschäftigte er sich mit Spielsachen und Soldaten... Wir kannten nie unter uns die Sprache der Zärtlichkeit. Es war doch wohl nicht meine Sache, sie in Gang zu bringen; meine Bescheidenheit hätte mir das nicht erlaubt, selbst wenn ich so empfunden hätte. Mein natürlicher Seelenstolz war ausgeprägt genug, mich daran zu hindern, die ersten Schritte zu tun. Er aber dachte garnicht daran, was, offengestanden, mich nicht gerade zu seinen Gunsten einnahm. Ich verstand nur zu gehorchen,* bemerkte Katharina in diesem Zusammenhang, *verheiraten mußte mich meine Mutter. Ich glaube aber, in Wahrheit lag mir an der russischen Krone mehr als an seiner Person.*[45]

Mit Erstaunen und Bewunderung wurde bei Hofe registriert, wie ernsthaft sich die deutsche Prinzessin auf ihre Bestimmung vorbereitete, wie zielbewußt sie zu Werke ging, indem sie die russische Sprache intensiv lernte und den neuen Glauben akzeptierte. Der Übertritt von der lutherischen Religion zur russischen (griechisch-orthodoxen) Kirche, die Voraussetzung für die beabsichtigte Eheschließung[46], ist Sophie scheinbar leicht gefallen. Simeon Teodorskij, der Bischof von Pskow, war beauftragt, der Ausländerin die Dogmen seiner Kirchen nahezubringen. *Mein Entschluß stand fest... Meine Bekehrung kostete ihn keine Mühe... Ohnehin war ich fest davon überzeugt, daß die himmlische Krone von der irdischen nicht getrennt werden könne.*[47]

Im Einklang mit ihrer byzantinischen Tradition, dem Supremat der weltlichen über die geistliche Instanz, war die russische orthodoxe (= rechtgläubige) Kirche eng mit dem Staat verbunden. Peter der Große hatte die Macht der Zaren über die Kirche noch gestärkt, das absolute Staatskirchentum fester denn je in Rußland verankert. Auch Katharina II. betrachtete sich als *das Oberhaupt dieser Kirche.*

Die Prinzessin aus Zerbst, im lutherischen Obrigkeitsdenken erzogen, brauchte insofern kaum umzulernen. Sie beruhigte ihren besorgten Vater, der seiner Tochter von einer Konversion abgeraten hatte, sollte sie selbst den anderen Glauben als anstößig empfinden. Mit ihrer Mutter stimmte Sophie darin überein, daß die rechtgläubige Lehre im Vergleich mit Luthers Katechismus keine Irrtümer enthalte, und sie teilte dies dem Vater mit. Allerdings unterscheidet sich der othodoxe Kultus von westlichen Gottesdiensten durch eine besonders reiche und feierliche Liturgie. *Die äußeren Zeremonien sind sehr abweichend, aber die Roheit des Volkes zwingt die Kirche dazu.*[48] So hatte sich Sophie die Dinge erklären lassen. Schon am 28. Juni 1744 wurde in einer Kirche, die zum Stadtpalais gehörte, der Glaubenswechsel vollzogen. Zeugen hoben hervor, Sophie habe die Texte des Bekenntnisses, die sie zum Teil auswendig gelernt hatte, in erstaunlich guter russischer Aussprache vorgetragen. Danach erhielt die Prinzessin den Namen Katharina Alexejewna.[49] Am folgenden Tag wurde Katharina Alexejewna mit Peter Fjodorowitsch offiziell verlobt. Das Verlöbnis fand in der ehrwürdigen Uspenskij-(Mariä-Himmelfahrts-)Kathedrale des Moskauer Kreml statt, in der die Zaren und Kaiserinnen gekrönt wurden. Es wurde Salut gefeuert. Katharina war jetzt *Großfürstin* und durfte *Kaiserliche Hoheit* genannt werden. Sie hatte das Recht, sich die Hand küssen zu lassen.

Spannungen blieben nicht aus. Das lag vor allem am Verhalten der Fürstin von Anhalt-Zerbst. Im Grunde war Johanna Elisabeth natürlich stolz darauf, daß ihre Tochter Karriere machte. Andererseits fiel es der Fürstin schwer, den eigenen Ehrgeiz zu zügeln. Doch sie mußte es erleben, daß ihre Stimme am russischen Hof nichts galt. Nicht die Mutter, sondern die Kaiserin bestimmte, was der Prinzessin bzw. Großfürstin gut tat und was nicht, was die Tochter zu tun und was sie zu lassen hatte. Johanna Elisabeth reagierte gereizt, *neigte sie doch von Natur zur Eifersucht gegen alle Frauen...* Katharina erinnerte sich an zahlreiche für ihre Mutter peinliche Begebenheiten. Beim Verlobungsmahl im Kreml, zum Beispiel, beanspruchte Johanna Elisabeth einen bestimmten Ehrenplatz, der ihr verwehrt wurde. Sie zeigte sich beleidigt, wenn jemand ihrer Tochter, nicht aber auch ihr die Hand küßte. Sie machte ihrem künftigen Schwiegersohn eine Szene, als dieser versehentlich ihr Schmuckkästchen umstieß, obgleich sie ihn um Achtsamkeit gebeten hatte. *Ich kannte ja die Aufgeregtheit meiner Mutter, deren erste Impulse immer sehr heftig waren.* Freunde

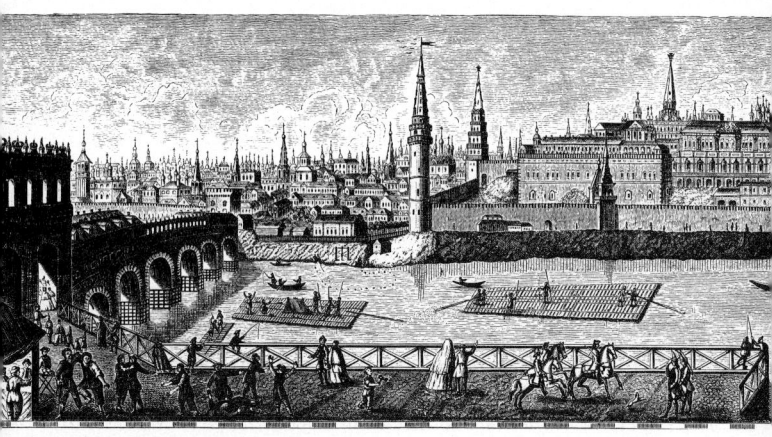

Moskau, Blick auf den Kreml, 1764

machte sich Johanna Elisabeth auf diese Weise nicht. Undiplomatisch war
die Fürstin auch bei der Wahl ihres Umgangs bei Hofe. Sie wurde in politische Intrigen verstrickt, die sich gegen den Grafen Bestuschew-Rjumin
richteten, der seine Position wieder gefestigt hatte und von der Kaiserin
zum Großkanzler befördert wurde. Es kam so weit, daß die Zarin die
Fürstin von Anhalt-Zerbst so schnell wie möglich loswerden wollte.

Im Sommer reiste die Zarin zwei Monate lang durch die Ukraine. Der
Großfürst, Katharina und ihre Mutter begleiteten sie. Vergnügungen
wechselten ab mit dem Besuch von Kirchen und Klöstern. Vor dem Jah-
reswechsel 1744/45 zog der Hof von Moskau nach St. Petersburg. Im
Frühjahr begannen die Vorbereitungen auf die Hochzeit.

In St. Petersburg begegnete Katharina einem Bekannten, dem schwedischen Grafen Henning Adolf Gyllenborg, der sich schon in Hamburg
lebhaft für das geistige Wohl der Zerbster Prinzessin interessiert hatte.
Der Diplomat, der als Sondergesandter nach Rußland gekommen war,
scheint Katharina, die sich seiner besonders dankbar erinnerte, nachhal-
tig beeinflußt zu haben. Er redete der Großfürstin ins Gewissen, die sich
blindlings dem oberflächlichen Hofleben angepaßt hatte. *Spiel und Toilette füllten den Tag aus... Der Luxus ging so weit, daß man sich wenigstens zweimal am Tag umkleidete. Die Kaiserin selbst liebte es sehr, sich zu
putzen... Natürlich richtete sich alles nach diesem Beispiel.* Sie denke ja
nur noch an Putz und an Kindereien, hielt Gyllenborg eines Tages der
jungen Dame vor, sie vernachlässige ihre Talente. Sicherlich habe sie in
Rußland noch kein einziges Buch zur Hand genommen. Katharina mußte
das zugeben. Sie fragte den Schweden, was er ihr zur Lektüre empfehle.
Er nannte drei Bücher: Plutarchs berühmte «Parallele Lebensläufe», eine

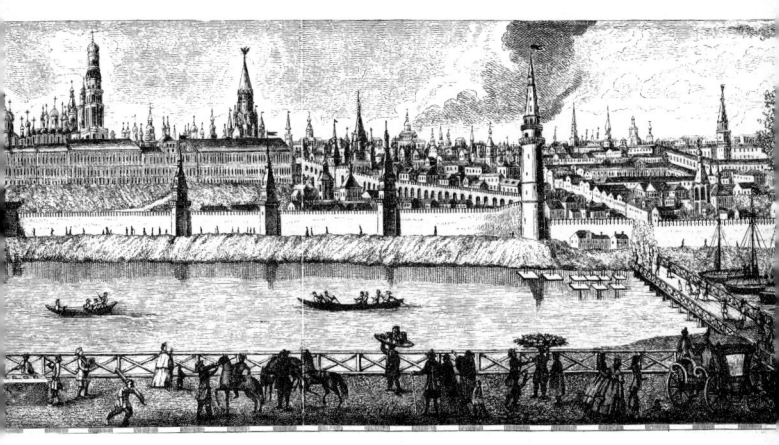

Biographie Ciceros und Montesquieus geschichtsphilosophisches Werk von Größe und Verfall Roms. Noch blieb Katharinas Leselust allerdings recht begrenzt, dennoch plauderte Gyllenborg gern mit der Großfürstin. Katharina meinte, eigentlich wisse der Graf gar nicht, wie sie in Wirklichkeit sei. Deshalb skizzierte sie sich selbst und gab dem Aufsatz die Überschrift *Versuch eines Charakterbildes des fünfzehnjährigen Philosophen.* (So titulierte der Graf seine Gesprächspartnerin im Scherz.) Es war, wenn man will, die erste literarische Arbeit der künftigen Zarin.[50] Gyllenborg nahm schriftlich zu der Abhandlung Stellung, und die ungleichen Freunde hatten neuen Gesprächsstoff. *Ich nannte den Grafen meinen Freund, der mir die Wahrheit sagt. Mein Leben lang habe ich ihm viel freundschaftliche Gesinnung und Dankbarkeit bewahrt. Ich bin ihm dafür verpflichtet, daß er meine Seele festigte und mich auf Tausende von Gefahren aufmerksam machte, denen sie ausgesetzt war, an einem Hofe, dessen Denkweise niedrig und verderbt war.* Nach einer der letzten langen Unterhaltungen entfuhr dem Graf die Bemerkung: «Wie schade, daß Sie heiraten wollen.» *Ich wollte wissen, was er damit meinte, aber er mochte es mir nicht sagen.*[51]

In der Zwischenzeit war Peter Fjodorowitsch an den Pocken erkrankt. Wegen der Ansteckungsgefahr wurde Katharina vom Krankenlager ferngehalten. Als die Großfürstin ihren Verlobten nach sechs Wochen wiedersah, *war ich erschrocken. Er war von den Pockennarben derartig entstellt, daß ich ihn nicht wiedererkannte.* Da man dem Kranken den Kopf geschoren hatte, trug der Knabe eine gewaltige Perücke, die ihn noch mehr verunstaltete. *Er war in der Tat abscheulich häßlich geworden*, notierte Katharina in der letzten Niederschrift ihrer Erinnerungen.[52] Wir können es

49

dem jungen Mädchen nicht verübeln, daß es, so unerwartet mit einer abstoßenden Erscheinung konfrontiert, nur einen förmlichen *Glückwunsch zu seiner Genesung stammelte* und fortan *mit großem Widerwillen* an die eheliche Verbindung mit diesem bemitleidenswerten Menschen dachte. Mitleid, spontane Zärtlichkeit, war Katharinas Sache nicht. Peter, andererseits, war hilflos gegenüber einer Frau, die sich, ganz anders als er, in dieser fremden Umgebung sehr selbstsicher bewegte. So zog er sich in sein Milieu zurück. Das heißt, der Siebzehnjährige spielte mit Puppen, Bleisoldaten und mit seinen Lakaien[53]; von liebevoller Annäherung an seine Braut, die Katharina erwartete, hielt Peter nichts.

Die Hochzeit wurde auf den 21. August 1745 festgesetzt, obgleich die Ärzte wegen der Unreife des Bräutigams zu einer Verschiebung um mindestens ein Jahr geraten hatten. Doch die Kaiserin hatte es eilig. Auch körperlich war ihr Neffe von schwacher Konstitution. Elisabeth Petrowna hoffte auf die Geburt eines gesunden Erben, damit der Bestand ihres Dynastiezweigs gesichert sei. Am Vorabend der Hochzeit sozusagen, erinnerte sich Katharina nachtragend, wurden die Besuche des Großfürsten bei ihr noch seltener. Durch *diesen Mangel an Aufmerksamkeit und seine Kälte* fühlte sie sich gekränkt. *Je näher der Zeitpunkt heranrückte, desto weniger konnte ich mich der Einsicht verschließen, daß meine Ehe sehr unglücklich werden könne... desto trauriger wurde ich, und sehr oft mußte ich weinen, ohne recht zu wissen weshalb.* Später, in ihren letzten Lebensjahren, kam Katharina II. darauf zurück, daß ihr der künftige Ehemann, so wie er beschaffen war, *ziemlich gleichgültig* gewesen sei: *Aber die Krone von Rußland war es mir nicht... Nur der Ehrgeiz hielt mich aufrecht. Ich fühlte im Grunde meines Herzens ein geheimes Etwas, das mich nicht einen Augenblick daran zweifeln ließ, daß ich früher oder später souveräne Kaiserin von Rußland werden würde, in eigener Machtvollkommenheit.*[54]

Vier Wochen nach der Hochzeit, die in St. Petersburg mit großem Pomp gefeiert wurde, kehrte die Fürstin von Anhalt-Zerbst nach Deutschland zurück. Die Kaiserin, die mit Johanna Elisabeth immer häufiger aneinander geriet, hatte nun, da Katharina verheiratet war, auf die Abreise der Mutter gedrungen. Christian August, der Fürst von Anhalt-Zerbst, starb am 16. März 1747. Katharina hat ihren Vater tief betrauert.[55] Von da an gab es nichts mehr, das die Großfürstin an ihre Heimat band, die Katharina nicht wiedergesehen hat.

Rußland war das Zuhause.

Im Vorhof der Macht

Die ersten achtzehn Jahre ihres Lebens in Rußland seien einsam und voller Langeweile gewesen, meinte Katharina rückschauend, und spielte damit auf ihr unerfülltes Leben als Ehefrau an. Unter *Langeweile* und *Einsamkeit* wird die Großfürstin nach der Heirat zunächst tatsächlich gelitten haben, doch relativ schnell arrangierte sie sich mit den Realitäten: *Meine Absichten waren immer ehrlich und rein. Ich hätte gewiß meinen jungen Gemahl geliebt, wenn er nur liebenswürdiger hätte sein wollen oder können. Aber er war der Liebe nicht würdig und gab sich auch keine Mühe, es zu werden. Meine Ratschläge jedoch, die er sich erbat, waren immer die besten gewesen, die ich für sein Wohl erdenken konnte... Als ich nun sah, daß Seine Kaiserliche Hoheit ausgerechnet mir, gerade weil ich seine Frau war, am wenigsten Aufmerksamkeit schenkte, war es nur natürlich, daß diese unangenehme Lage nicht nach meinem Geschmack war, daß sie mich langweilte und mir vielleicht Kummer bereitete, den ich jedoch aus natürlichem Stolz viel mehr als alle anderen Gefühle unterdrückte... So kam ich schon in den ersten Tagen unserer Ehe zu einem bösen Schluß über ihn. Ich sagte mir: «Wenn du diesen Menschen liebst, wirst du das unglücklichste Geschöpf auf Gottes Erdboden. Denn dein inneres Wesen würde Erwiderung verlangen, der Mensch aber beachtet dich ja kaum... Du bist zu stolz, deswegen Lärm zu schlagen, also, mit Zärtlichkeiten diesem Herrn gegenüber, nehmen Sie sich gefälligst zusammen. Denken Sie an sich selbst, Madame!»*[56] Dabei dürfte es bis zu Peters Sturz weitgehend geblieben sein.

Abwechslung vom höfischen Alltag verschaffte sich Katharina nicht nur durch Reiten oder durch die Jagd. Eingedenk der Ermahnungen Gyllenborgs bildete sie sich immer wieder durch angemessene Lektüre. Sie las, im Laufe der Jahre, die Universalgeschichte Voltaires, Montesquieus «Geist der Gesetze» oder die «Annalen» des Tacitus. Die ungeschminkte Beschreibung römischer Zustände *rief eine eigenartige Revolution in meinem Kopf hervor. Ich begann, mißvergnügt, wie ich zu jener Zeit war, viele Dinge schwärzer zu sehen und tiefere, mehr auf den* (eigennützigen) *Interessen beruhende Ursachen in allem zu suchen, was sich meinen Augen bot.* Die Großfürstin beschäftigte sich mit der «Allgemeinen Geschichte der

Ея Императорское Высочество
Благовѣрная Государыня Великая Княгиня
ЕКАТЕРИНА АЛЕКСѢЕВНА.
Ihro Kayserliche Hoheit
Die Groß-Fürstin
CATHARINA ALEXEIEWNA

*Schon als Großfürstin ist Katharina nicht nur in der Liebe,
sondern auch politisch aktiv*

Reisen» von Prévost d'Exiles, die sie an Hand einer Landkarte nachvollzog.

Die Zeit der Aufklärung war gekommen. Große Geister des Westens sprachen und schrieben von den Menschenrechten, vom Staat als freiwilligen Zusammenschluß selbständiger Individuen, von der befreienden Kraft der Vernunft. Katharina interessierte sich für solche Ideen. Sie *durchblätterte* die ersten Bände der berühmten «Encyclopédie», die, von Diderot und d'Alembert herausgegeben, seit 1751 in Paris erschien. Später ließ sich Katharina von der Aufklärungsliteratur inspirieren.

Verehrer stellten sich ein. Das war natürlich, denn Katharina wandelte sich von einem eher unscheinbaren Mädchen zu einer anziehenden jungen Frau, mit der man auch angeregt plaudern konnte. *Von meinem 15. bis zu meinem 33. Jahr gab es in meiner Umgebung keine Frauen, mit denen ich mich hätte unterhalten können; ich hatte nur Zofen um mich. Wollte ich Konversation machen, war ich auf Männer angewiesen. So ist es gekommen, daß ich, aus Gewohnheit und Neigung, es viel besser verstehe, mit Männern zu reden.*[57]

Wir sind bei dem Kapitel aus Katharinas Leben, das gewisse Autoren besonders intensiv beschäftigt hat: die Großfürstin bzw. Zarin und ihre Liebschaften. Valentin Gitermann schreibt: «Historikern, die keine größeren Sorgen zu kennen scheinen, verdanken wir den Nachweis, daß Katharina von ihrem 23. Lebensjahre an insgesamt 21 Liebhabern ihre Gunst geschenkt hat. An der Spitze dieser Liste, für deren Vollständigkeit sich niemand verbürgen kann, steht Sergej Saltykow. Der letzte offiziell am Hofe eingeführte Favorit war Platon Subow, der die Kaiserin kennen und schätzen lernte, als sie schon 62 Jahre alt war.»[58] Dieser summarischen Feststellung braucht tatsächlich nicht viel hinzugefügt zu werden.

Für seine lockeren Sitten war der Zarenhof bekannt. Elisabeth Petrowna lebte in morganatischer Ehe mit dem ukrainischen Bauernsohn Alexej Rasumowskij, einem Volkssänger und Musikanten, den sie in den Grafenstand erhoben hatte. Ein geregeltes Leben sagte der Kaiserin wenig zu. Das heißt, vergnügungssüchtig, wie sie war, machte Elisabeth gern die Nacht zum Tag, doch um die Staatsgeschäfte kümmerte sie sich kaum. Es kam vor, daß sie wichtige Entscheidungen, eine notwendige Unterschrift, monatelang vor sich her schob. Katharina hat sich drastisch, aber zutreffend über die Zarin geäußert: *Ich glaube, ihre leibliche Schönheit und ihre angeborene Faulheit hatten ihren ursprünglichen Charakter sehr verdorben ... Ihre täglichen Beschäftigungen waren ein einziges Gewebe aus Launen, Frömmelei und Lockerheiten. Und weil sie keinen einzigen festen Grundsatz hatte ... verfiel sie trotz ihrer großen Klugheit einer so großen Langeweile, daß sie in den letzten Jahren ihres Lebens kein anderes Mittel wußte, diese zu vertreiben, als soviel wie möglich zu schlafen. Die übrige Zeit mußte ihr eine dazu angestellte Frau Märchen erzählen.*[59]

Selbst Großfürst Peter hielt sich Mätressen. Richtiger gesagt, wurden sie ihm zugespielt, damit er an Männlichkeit gewönne. Denn der Kaiserin behagte es gar nicht, daß sich beim Thronfolgerpaar kein Nachwuchs einstellte.[60]

In dieser Atmosphäre allgemeiner Frivolität hatte Katharina im Sommer 1752 den Liebesbeteuerungen des sechsundzwanzigjährigen Kammerherrn Sergej Saltykow nachgegeben. Sympathisch offenherzig schilderte die Zarin am Ende ihres Lebens, wie es zur ersten leidenschaftlichen Affäre ihrer Jugend gekommen war: *Er war schön wie der Tag, und niemand kam ihm gleich, weder am großen Hof und schon gar nicht an unserem kleinen ... Er war, um es kurz zu sagen, durch Geburt und durch viele andere Eigenschaften ein vollendeter Kavalier ... Ich blieb stark während*

des Frühlings und eines Teils des Sommers… Ich hatte mir eingebildet,
ihn und mich lenken und beherrschen zu können, aber ich verstand jetzt,
daß das eine wie das andere schwer und vielleicht unmöglich war.[61] Am
20. September 1754 gebar Katharina einen Sohn; zwei Fehlgeburten waren vorausgegangen. Das Kind wurde als ehelich anerkannt, obgleich
Sergej Saltykow sehr wahrscheinlich der Vater war. Die Kaiserin war
hochbeglückt, sah sie doch nun die Thronfolge zusätzlich gesichert. Sie
nahm den kleinen Paul, auf diesen Namen wurde der Großfürst getauft,
seiner Mutter unmittelbar nach der Entbindung weg und kümmerte
sich persönlich um den Erben. Katharina durfte ihr Kind nur selten
sehen. Die Großfürstin durchlebte eine schwere Zeit, zumal Saltykow,
als er nach mehrmonatiger Abwesenheit nach St. Petersburg zurück-
kehrte[62], Katharinas *Liebe zu ihm* nicht länger in dem erhofften Maße
erwiderte.

Inmitten höfischer Intrigen, umgeben von Menschen, denen sie nie voll
vertrauen konnte – *Nachrichtenzuträgern* und *Spionen* –, vervollkomm-
nete Katharina die Kunst der Verstellung und kultivierte ihren Stolz. Im
ersten Kindbett alleingelassen, *liebte ich es nicht, bedauert zu werden oder*
mich zu beklagen. Ich hatte einen zu stolzen Charakter, und schon der
Gedanke, unglücklich zu sein, war mir unerträglich. Bisher hatte ich alles
getan, was ich konnte, um nicht unglücklich zu scheinen. Und sie bekräf-
tigte ihren *festen Entschluß, niemals jemanden hingebend zu lieben, der*
mir nicht mit einer uneingeschränkten Erwiderung lohnen würde.[63] Das
heißt also: Liebe entwickelt sich bei dieser «Messalina des Nordens» immer nur dort, wo sie wieder geliebt wurde.

Schon bald konnte Katharina die nächste Gelegenheit zu fraulicher
Selbstbestätigung wahrnehmen. Sie liierte sich mit dem drei Jahre jünge-
ren polnischen Grafen Stanisław August Poniatowski[64], der zur Beglei-
tung des englischen Gesandten Williams gehörte. Mit großem Amüse-
ment und Liebe zum Detail erinnerte sich Katharina noch als betagte
Frau an den *Reiz des Abenteuers*, an die heimlichen Begegnungen im
Haus guter Freunde, zu denen sie als Mann verkleidet erschien. Die
Großfürstin war damals 26 Jahre alt. Poniatowski hat sie schwärmerisch
so beschrieben: «Sie hatte die Stufe ihrer Schönheit erreicht, die für jede
Frau, wenn Schönheit ihr überhaupt beschieden ist, den Höhepunkt bedeutet. Ihre Haare waren schwarz, ihre Haut blendend weiß. Sie hatte
große blaue, sehr ausdrucksvolle Augen, schwarze sehr lange Wimpern,
eine griechische Nase, einen Mund, der nach Küssen zu schmachten
schien. Ihre Arme und Schultern waren vollendet schön, sie hatte eine
biegsame, ziemlich hohe Figur, und ihr Gang war sehr behend, aber voll
Adel. Der Klang ihrer Stimme war angenehm, und ihr Lachen so fröhlich,
wie ihre Gemütsverfassung.»

Natürlich wußte Katharina sehr genau, daß sie auf Männer wirkte.
Noch als alternde Frau schrieb sie dieses *Geständnis meiner Eigenliebe*

Bestuschew-Rjumin

nieder: *Neben der natürlichen Veranlagung meiner Seele... besaß ich ein zum mindesten interessantes Äußeres, das auf den ersten Blick ohne künstliche Mittel und gesuchten Schmuck gefiel... Ich besaß zugleich mit dem Geist und Charakter eines Mannes die Reize einer sehr liebenswürdigen Frau... Also war die Hälfte des Weges zur Versuchung schon getan, und in einem solchen Falle hängt es vom Wesen der menschlichen Natur ab, daß auch die zweite Hälfte nicht ungegangen bleibt... Man mag sich die schönsten Sittenregeln eingeprägt haben, sobald sich die Sinnlichkeit einmischt, ist man schon unendlich viel weiter, als man glaubt... Wie soll man fliehen, ausweichen, den Rücken kehren inmitten des Hoflebens?... Nichts ist meiner Ansicht nach schwieriger, als dem zu entgehen, was dir im Grunde deiner Seele gefällt! Alles, was man dagegen einwenden kann, ist Prüderie, die dem menschlichen Herzen nicht eigen ist. Niemand hält sein Herz in der*

55

*Hand und kann es, indem er diese schließt oder öffnet, nach Belieben zu-
sammendrücken oder lose lassen.*[65]

Katharina dachte nicht nur daran, die Freuden ihrer Jugend und ihrer
Liebschaften auszukosten, von denen sie in ihren *Memoiren* offenherzig
erzählte. Frühzeitig ließ sie sich bereitwillig in das politische Kräftespiel
am Zarenhof verwickeln. Es ging um die Nachfolge der Kaiserin, deren
Gesundheitszustand sich Ende der fünfziger Jahre verschlechterte. Die
meisten Würdenträger zweifelten daran, daß Großfürst Peter, der desi-
gnierte Thronfolger, angesichts seiner geringen geistigen Fähigkeiten in
der Lage wäre, das Reich zu regieren. Elisabeth Petrowna war sich über
die Unzulänglichkeit ihres Neffen im klaren, doch ihre mangelnde Ent-
schlußkraft hinderte die Zarin daran, eine andere Regelung für die
Thronfolge zu treffen. Zwischen Katharina und dem Großkanzler Bestuschew-Rjumin hatte sich unterdessen eine gegenseitige Achtung, eine gewisse Vertrautheit, herausgebildet. Bestuschew-Rjumin war der fähigste
russische Staatsmann jener Zeit; Elisabeth hatte allerdings außer ihm
Ratgeber, die ihr näher standen. Der Großkanzler *dachte als Patriot*, notierte Katharina. Er dachte an die Zukunft Rußlands und, verständlicherweise, auch an seine eigene Position. *Vielleicht hielt er mich für die
einzige Persönlichkeit, auf die man in dieser Zeit, falls die Kaiserin sterben
sollte, die Hoffnung des Reiches bauen könne.* Der Gönner der Großfürstin plante, beim Ableben der Kaiserin Katharina zur Mitregentin ihres
Mannes proklamieren zu lassen; für sich selbst beanspruchte der Kanzler
die wichtigsten politischen und militärischen Ämter. Am 8. September
1757 erlitt Elisabeth Petrowna einen Schlaganfall, doch sie erholte sich.
Im Februar 1758 wurde Bestuschew-Rjumin durch eine Intrige seiner
Neider gestürzt. Man warf ihm vor, er habe Zwietracht gesät zwischen der
Kaiserin und dem großfürstlichen Hof und allgemein Befehlen der Zarin
zuwidergehandelt. Belastende Dokumente waren jedoch nicht zu finden;
seine Entwürfe über die Thronfolge zu Gunsten Katharinas hatte Bestuschew-Rjumin rechtzeitig verbrannt.[66]

Vorangegangen war ein militärpolitischer Streit, in den der Kanzler
grundlos hineingezogen wurde. Im Krieg gegen den expandierenden
preußischen Staat, der als Siebenjähriger Krieg in die Geschichte eingegangen ist, hatte sich Rußland auf die Seite Österreichs, Frankreichs und
der anderen Verbündeten gestellt. Bei Groß-Jägersdorf in Ostpreußen
wurden die Preußen von den Russen geschlagen (19. bzw. 30. August
1757 – vgl. den Hinweis am Schluß des Buches). Feldmarschall Stepan
Apraxin, der russische Oberkommandierende, nutzte den Sieg nicht aus,
sondern zog sich nach Osten zurück. In St. Petersburg war die Erregung
groß. Die Gesandten Österreichs und Frankreichs protestierten. Gerüchte machten die Runde: Apraxin handelte auf Betreiben jener, die mit
dem baldigen Tod der Kaiserin rechneten und sich beim Großfürsten als

Wohnsitz eines Dworjanin in Moskau. Ende des 18. Jahrhunderts

dem künftigen Zaren beliebt machen wollten. Denn Peter Fjodorowitsch war ein Bewunderer Friedrichs II. und deshalb gegen den Krieg mit Preußen.[67] Die Schuwalows[68], meinten andere, haben den Rückzug veranlaßt. Sie brauchten die Truppen Apraxins in der Hauptstadt, um am Tag X ihre Pläne durchzusetzen, das Großfürstenpaar zu entmachten, den kleinen Paul auf den Thron zu bringen und sich selbst als Regenten zu installieren. Natürlich – auch dem Kanzler und der Großfürstin konnten Soldaten willkommen sein, wenn es um die Neuverteilung der Macht in Rußland ging. Bestuschew-Rjumin und Apraxin waren befreundet, und Katharina stand mit beiden auf gutem Fuß. Absprachen wegen des Truppenrückzugs hat es jedoch nicht gegeben. Der Marschall machte geltend, er sei wegen Proviantmangels zurückgegangen. Apraxin wurde abgelöst und vor Gericht gestellt; er starb jedoch, ehe es zu einem Urteil kam.

Katharinas Position im komplizierten Gefüge des Zarenhofs war durch diese Ereignisse erschüttert, zumal Briefe gefunden wurden, die sie an Apraxin geschrieben hatte. Sie erwiesen sich als harmlos, dennoch sah sich die Großfürstin kompromittiert: Sie hatte sich über das Verbot, politische Korrespondenzen zu führen, hinweggesetzt. Entgegen den ausdrücklichen Instruktionen, die ihr erteilt worden waren, befaßte sie sich mit Angelegenheiten des Staates.[69] Plötzlich war Katharina wirklich *allein und verlassen*. Vertraute und Freunde wurden verhaftet oder aus der Hauptstadt entfernt. Zu allem Unglück verlangten Katharinas Gegner die Abberufung des Grafen Poniatowski, der mit Bestuschew-Rjumin, einem *Staatsgefangenen*, Kontakt aufgenommen hatte. Die Großfürstin, sonst so selbstbewußt und beherrscht, geriet plötzlich in panische Angst, festgenommen und peinlich verhört zu werden. *Ich warf sämtliche Rechnungsbücher[70] und Papiere ins Feuer.* Doch es geschah nichts, und schnell fand Katharina ihre gewohnte Courage wieder. Sie trat die Flucht nach vorn an und erklärte Alexander Schuwalow, dem allgegenwärtigen *Staatsinquisitor, gehaßt vom Großfürsten und von der Kaiserin nicht geliebt,* sei sie ihrer *Rolle müde* und wünsche, zu ihrer Mutter zurückzukehren. An die Zarin schrieb sie ergänzend, ihre Kinder, in demselben Gebäude untergebracht, bekäme sie ja ohnehin fast nie zu sehen. Ihre Gesundheit sei durch den ständigen Gram so zerrüttet, daß sie darum bitte, erst in ein Bad und dann nach Deutschland reisen zu dürfen. Dann meldete sich die Bittstellerin krank, achtete aber sehr darauf, daß sie die in der ersten Fastenwoche vorgeschriebenen Andachtsübungen nicht versäumte, *damit man meinen Eifer für den orthodoxen griechischen Glauben sähe.*

Auf eine Antwort der Kaiserin mußte Katharina lange warten. Schließlich kam es im Beisein des Großfürsten zu einer Aussprache. Da entluden sich die Emotionen, die sich im Laufe der Zeit – dreizehn Jahre waren seit Katharinas Eheschließung vergangen – auf allen Seiten angestaut hatten. Sie sei «allzu stolz», warf Elisabeth Petrowna der Großfürstin vor, und sie halte sich für klüger als alle anderen (womit die Zarin nicht unrecht hatte); sie mische sich in viele Dinge ein, die sie nichts angingen. Katharina setzte sich unbeirrt und geschickt, aber nicht aufsässig zur Wehr. *Der Großfürst zeigte während dieser Unterredung viel Galle, Gehässigkeit und Aufgebrachtheit in bezug auf mich und suchte die Kaiserin gegen mich einzunehmen... Aus dem maßlosen Gerede meines Herrn Gemahls ging deutlich hervor, daß er beabsichtigte, mich zu verdrängen, um seine augenblickliche Mätresse Elisabeth Woronzowa zu heiraten, so daß sie meine Position einnehmen könnte. Sie kam schon in seine Gemächer und machte dort die Honneurs... Doch das konnte nicht nach dem Geschmack der Kaiserin sein.* Peter Fjodorowitsch nannte seine Frau «schrecklich bösartig und sehr eigensinnig». Antworten blieb Katharina ihrem Mann nicht schuldig. Am Schluß der wortreichen Auseinandersetzung hatte die Großfürstin den Eindruck, daß das politische Mißtrauen der Kaiserin ihr gegenüber abgeklungen war. Die Sorge um den Bestand der Ehe des Thronfolgers überwog. In diesem Zusammenhang zeigte Elisabeth Petrowna auch als Frau für Katharinas Probleme wohlwollendes Verständnis. *Über ihren Neffen dachte die Kaiserin genau so wie ich.* Vor Vertrauten, erfuhr Katharina, habe sich die Zarin sehr abfällig, voller *Verachtung,* über den *unfähigen Thronfolger* geäußert[71].

Einzelheiten des ehelichen Kleinkriegs, an die sich Katharina immer wieder erinnerte, möchte der Autor dem Leser ersparen. Den Stand der Beziehungen des großfürstlichen Paares soll deshalb eine Szene vom Herbst 1757 illustrieren. Peter Fjodorowitsch zeigte sich verärgert, weil Katharina neuerlich schwanger war. Er meinte im Beisein von Lew Naryschkin[72] und anderen: *«Gott weiß, woher meiner Frau ihre Schwangerschaft kommt; ich weiß wirklich nicht recht, ob das Kind mir gehört, ob ich es auf meine Rechnung nehmen soll.»* (Vater der Tochter Anna, die am 9. Dezember 1757 geboren wurde, war wahrscheinlich Graf Poniatowski.) *Naryschkin rannte natürlich sofort zu mir, um mir diese Äußerung brühwarm wiederzuerzählen. Ich erwiderte: «Ihr seid alle leichtsinnige Kerle. Verlangt von ihm, er soll einen Eid schwören, daß er nicht mit seiner Frau geschlafen hat, und sagt ihm, wenn er das tut, werdet Ihr es sofort Alexander Schuwalow, als dem Großinquisitor des Reiches, mitteilen.» Lew Naryschkin ging auch wirklich zu Seiner Kaiserlichen Hoheit und forderte den Eid. Er erhielt die Antwort: «Gehen Sie zum Teufel und sprechen Sie mir nicht mehr davon!»*[73]

Es sei dahingestellt, ob Katharina tatsächlich entschlossen war, ihre neue Heimat, den Vorhof zur Macht, von der sie träumte, freiwillig zu verlassen. Sicherlich wollte sie der Kaiserin auch imponieren. Letzten Endes waren jedoch beide Frauen an einem derartigen Skandal nicht interessiert; Die Kaiserin ersuchte die Großfürstin, von Abreise nie mehr zu sprechen. *Erhobenen Hauptes* setzte Katharina ihren vom Schicksal des Thronfolgers *unabhängigen Weg* fort.

Peter III.

Elisabeth Petrowna starb am 25. Dezember 1761 im Alter von 52 Jahren. Als Peter III. bestieg ihr Neffe den Zarenthron. Über ihn können russische Historiker kaum etwas Positives berichten. Die Unlust, sich Bildung anzueignen, das infantile Betragen hatte man Peter Fjodorowitsch, diesem ewig «erwachsenen Kind», das jetzt Kaiser geworden war, allenfalls nachsehen können. Doch es gab Dinge, die Rußland dem Enkel Peters des Großen nicht verzieh: An das Land seines Großvaters gewöhnte sich der Prinz aus Holstein nie; Rußland, seine Sitten, Sprache und Geschichte, interessierten ihn nicht. Er hing an seinem deutschen Erbherzogtum, umgab sich mit holsteinischen Beratern, Offizieren und Soldaten. Ihm lag die Enge des kleinen deutschen Fürstenhofs, an dem er aufgewachsen war, bemerkte Sergej Solowjow[74] nicht ohne Mitgefühl; schwer wurde es ihm ums Herz in dieser russischen Weite und Grenzenlosigkeit, in die ihn das Schicksal verschlagen hatte, die er irgendwie als bedrohlich empfand. Mit Vaterlandsliebe hatte dies nichts zu tun, meint der Historiker; Peters Natur erlaubte es ihm nicht, aus hergebrachtem Milieu und gewohnten Denkweisen auszubrechen und sich anzupassen. – Natürlich war das ein schlechter Nährboden für gute Beziehungen zu einer Ehefrau, die dem gleichen fremden Milieu entstammte, sich aber, voller *Ehrgeiz*, mit Leichtigkeit assimilierte.

Empört reagierten die russischen Patrioten darauf, daß Peter III. sogleich die siegreiche Armee aus Pommern und Ostpreußen zurückrief, ohne die geringste Gegenleistung dafür zu verlangen. Der Frieden, der Zar mit dem schwer angeschlagenen Preußenkönig schloß, brachte Rußland keinerlei Vorteil ein. Verständlich, daß Friedrich II. dem russischen Kaiser «Altäre» errichten wollte, rettete Peter ihn doch aus einer politisch und militärisch verzweifelten Lage. (Ein «Wunder des Hauses Brandenburg».) Abstoßend war in russischen Augen die blinde Vergötterung Friedrichs II., die Preußen-Euphorie, die Peter III. ganz offen zur Schau stellte. Ehrenvoller sei es, tat der Zar kund, preußischer General zu sein als russischer Imperator. Folgerichtig führte der Kaiser im russischen Heer preußische Uniformen und eine preußische «Ordnung» ein; betagte Würdenträger mußten nach preußischem Reglement mitexerzieren. Holsteinische Verwandte erhielten führende Posten in der Armee.

Zar Peter III. Gemälde von Alexej Antropow

Wichtigster außenpolitischer Ratgeber Peters wurde der Berliner Gesandte Freiherr von der Goltz. Während die Unruhe vor allem in den traditionsbewußten Garderegimentern wuchs, schickte sich Peter III. an, russische Soldaten fremden Interessen zu opfern. Zum Wohle der holsteinischen Dynastie bereitete er einen Krieg gegen Dänemark vor.

Grigorij Orlow

Feinde machte sich der Zar, der insgeheim am Luthertum festhielt, auch bei der orthodoxen Geistlichkeit. Er ließ den Grundbesitz der Kirche schärfer überwachen und versuchte, gewisse zeremonielle Abweichungen, die sich eingebürgert hatten, abzuschaffen. Am liebsten hätte es Peter gesehen, wenn sich auch die Popen die Bärte scheren ließen und weltliche Kleidung trügen.

Die Aristokratie hatte der Kaiser zunächst für sich eingenommen, indem er die Dienstpflicht des Adels[75] abschaffte und die Geheime Kanzlei auflöste, die Inquisition der Selbstherrschaft, unter der gerade adelige Opponenten des jeweiligen Zarenregimes zu leiden hatten. Viele Adelige verließen unverzüglich ihre Posten in der Armee oder in der Zivilverwaltung, um sich – endlich der lästigen Pflichten am Gemeinwesen ledig – auf ihren Gütern ganz den Einkünften aus ihrer privaten Wirtschaft zu widmen (vgl. «Cliquenkämpfe und Palastrevolten» [S. 10]). Die neue wichtige Vergünstigung für den Dworjanin zögerte jedoch die Explosion der Entrüstung gegen die «antinationale» Politik Peters III. nur um einige

Monate hinaus. Im aristokratischen Gardekorps braute sich eine Verschwörung zusammen.

Seine Frau behandelte Peter Fjodorowitsch nun erst recht «mit der ausgezeichnetsten Verachtung», wie der französische Gesandte Breteuil Anfang 1762 nach Paris meldete. Sie habe unter dem Regime ihre Mannes auch politisch nicht das geringste zu sagen. Der Kaiser beabsichtigte wahrscheinlich, Katharina zu verstoßen, um Elisabeth Woronzowa zu heiraten. Katharina zog sich zunächst ins Private zurück, tat aber demonstrativ alles, damit sie der russischen Öffentlichkeit im besten Licht erschien. «Mit auffallender Genauigkeit», schrieb Breteuil, «beobachtet sie die Feste, Fasten, Speiseregeln und dergleichen, alles Dinge, die der Kaiser leichthin behandelt, obgleich sie in Rußland nicht gleichgültig sind. Mit einem Wort: Katharina vernachlässigt nichts, womit sie gefallen könnte.»[76] Informierte Diplomaten rechneten damit, daß die Ehefrau des Kaisers, die nicht nur Temperament besaß, sondern sich auch berufen

Alexej, Katharinas drittes Kind. Sein Vater ist Grigorij Orlow

fühlte, *den Staat zu retten*, die Degradierung nicht lange hinnehmen und mit Hilfe ergebener Freunde die erzwungene Isolation durchbrechen werde. Vorerst allerdings war Katharina aus ganz persönlichen Gründen zur Untätigkeit verurteilt. Sie war schwanger und gebar am 11. April 1762 einen Sohn, der auf den Namen Alexej[77] getauft wurde; der Vater war Grigorij Orlow, ein Gardeoffizier. (Katharina über Grigorij Grigorjewitsch Orlow: *Dieser Held ähnelt den alten Römern zu jener schönen Zeit der Republik; er hat ihre Tapferkeit und ihren Edelmut* – aus einem Brief an Voltaire vom 6. Dezember 1768.)

Der Ablauf der folgenden Ereignisse – Sturz und Ermordung Peters III. – ist weitgehend bekannt und dokumentiert. Der Anteil der Akteure des gelungenen Staatsstreichs ist eher ungewiß, denn jede der handelnden Personen hat die eigene Rolle gebührend herausgestrichen. Einen einheitlichen Plan, Katharina an Stelle ihres Mannes zur Herrscherin zu küren, gab es nicht. Einig waren sich zivile Würdenträger, Offiziere und Geistliche darin, daß Peter verhaftet und für regierungsunfähig erklärt werden sollte. *In seinem Kopf sah es wirklich nicht mehr richtig aus, und sicherlich hatte er im Reich keinen schlimmeren Feind als sich selbst.*[78] Zivilisten von Rang, wie Nikita Panin, der Erzieher des Großfürsten Paul Petrowitsch, oder die junge, lebhafte Fürstin Daschkowa[79] sahen zunächst – dynastischen Gepflogenheiten entsprechend – die Ehefrau eines Zaren keineswegs als nachfolgeberechtigt an; sie wollten, daß Katharina nur als Regentin fungierte, bis ihr Sohn Paul volljährig geworden war. Für die Kavaliere der Garde dagegen, allen voran die Brüder Orlow, kam als Herrscherin auf dem Zarenthron nur Katharina in Frage. Sie vereinbarten, dann zuzuschlagen, wenn damit begonnen wurde, die Garderegimenter nach Dänemark einzuschiffen. Peters Ungeduld, bemerkte die Fürstin Daschkowa, für Holstein in den Krieg zu ziehen, war so groß, daß er damit nicht einmal bis nach seiner Krönung warten konnte. Auf ihre Gardisten, denen die Mißachtung der russischen Elitetruppe durch den Monarchen nicht entgangen war, konnten sich die Offiziere verlassen.

Durch einen Zwischenfall, der in St. Petersburg beträchtliches Aufsehen erregte, wurde Katharinas Entschlossenheit bestärkt, gegen ihren Mann vorzugehen. Anläßlich eines Banketts zur Feier des Friedens und Bündnisses mit Preußen brachte der Zar einen Toast auf die Gesundheit der «kaiserlichen Familie» aus. Dabei erhob sich Katharina nicht, die in einiger Entfernung von ihrem Mann Platz genommen hatte. Peter schickte seinen Generaladjutanten zu ihr und ließ sie fragen, warum sie sitzen geblieben war. Katharina antwortete, da die kaiserliche Familie nur aus ihrem Mann, ihrem Sohn und ihr selbst bestehe, habe sie geglaubt, sie brauche nicht aufzustehen. Der Adjutant überbrachte die Antwort und wurde zurückgeschickt, ihr zu sagen, sie sei eine «dura», was dumme Gans oder dummes Frauenzimmer bedeutet. Denn sie hätte wissen müs

Alexej Orlow

sen, daß die Oheime des Kaisers, die Herzöge von Holstein, auch zur kaiserlichen Familie gehörten. Es könnte ja sein, dachte der wütende Monarch, daß sich der Adjutant milder ausdrückte, und deshalb rief er das Schimpfwort laut über die festliche Tafel hinüber, so daß der versammelte Adel und die auswärtigen Gesandten die Beleidigung deutlich vernehmen konnten.[80]

Das war am 9. Juni 1762. Katharinas Sicherheit schien nun ernsthaft bedroht; Gerüchte kursierten, Peter III. wolle seine Frau in ein Kloster abschieben, so, wie sich Peter der Große einst seiner ersten Frau entledigt hatte. Am 27. Juni wurde Leutnant Passek, einer der Offiziersverschwörer, verhaftet. Dies war das Signal zum Handeln. Der Kaiser residierte zu dieser Zeit in Oranienbaum, Katharina hielt sich in Peterhof auf.[81] Alexej Orlow ritt in der Nacht nach Peterhof und bewog Katharina, unverzüglich in die Hauptstadt zu kommen, um sich zur Zarin proklamieren zu lassen.

65

28. Juni 1762. Die Ismajlowsche Garde proklamiert Katharina zur Herrscherin und leistet ihr den Treueid

St. Petersburg, am 28. Juni 1762 gegen sieben Uhr morgens: Jubelnde Garden zu Pferd und zu Fuß empfingen Katharina an der Stadtgrenze und huldigten ihr in den Regimentsquartieren. Sie trugen die alten, vertrauten Uniformen; der ungeliebten neuen Monturen hatten sie sich schnell entledigt. Dann eskortierten die Gardisten der Ismajlowschen, Semjonowschen und Preobraschenskischen Regimenter ihre neue Gebieterin zur Kirche der Heiligen Mutter Gottes von Kasan, wohin in aller Eile auch der junge Großfürst Paul Petrowitsch gebracht worden war. Dort hatten sich der Erzbischof von Nowgorod und hohe weltliche Würdenträger eingefunden. Katharina wurde zur *Kaiserin (Imperatriza) ganz Rußlands* ausgerufen, ihr Sohn Paul zum Thronfolger bestimmt. Danach zog die neue Selbstherrscherin in den Winterpalast ein, wo ihr der Senat und der Synod den Treueid leisteten. Ein Manifest, rechtzeitig aufgesetzt und

Als Oberst im Preobraschenskischen Garderegiment, in einer geliehenen Uniform, zeigt sich Katharina II. nach der Machtübernahme. Gemälde von Virgilius Eriksen

gedruckt, beschwor *die große Gefahr* für Kirche und Staat, der durch den Umsturz begegnet werden sollte. So gelangte Katharina II., 33 Jahre alt, auf den Zarenthron.

Die Palastrevolution verlief unblutig. Am 29. Juni dankte Peter ab und gab sich, wie gelähmt, in die Hand seiner Frau, obgleich ihm *1500 Bewaffnete, holsteinische Truppen, mehr als hundert Kanonen und einige russische Abteilungen* zur Verfügung standen. Der Zar ließ sich entthronen wie ein Kind, das man zu Bett schickt, urteilte Friedrich II. mehr als zwanzig Jahre später.[82] Peter wollte nach Holstein zurückkehren, doch die Kaiserin dachte nicht daran, ihn ziehen zu lassen. Sie befahl, für den Staatsgefangenen in der Festung Schlüsselburg[83] *die allerbesten Räume* bereitzustellen. Zunächst wurde Peter in Ropscha bei Peterhof interniert, auf einem seiner ehemaligen Landsitze. Dort ermordeten ihn die Offiziere, die ihn bewachen sollten (am 6. Juli).[84] Die Historiker stimmen darin überein, daß Katharina die Tat nicht angeregt oder befohlen hat. Die Kaiserin sei sehr verstört gewesen, nachdem sie die Nachricht aus Ropscha erhalten hatte, erinnerte sich die Fürstin Daschkowa. Sie sagte: *Mein Abscheu ist unaussprechlich; dieser Tod ist ein Schlag, der mich zu Boden wirft.*[85] Katharinas Bestürzung war verständlich. Gerade erst hatte sie ein umfangreiches Sündenregister des gestürzten Zaren verbreiten lassen (Manifest vom 6. Juli 1762). Niemand würde ihr glauben, daß sie an einem gewaltsamen Tod ihres Mannes unschuldig sei. So faßte sich Katharina sehr schnell und suchte das Verbrechen zu vertuschen. Der Öffentlichkeit wurde eine Krankheitsgeschichte aufgetischt: Peter, an einem seiner Hämorrhoidal-Anfälle erkrankt, sei trotz ärztlicher Hilfe an einer schweren Kolik gestorben (Kommunique vom 7. Juli). Peter III. wurde im Alexander-Newskij-Kloster zu St. Petersburg beigesetzt. Auf «dringende Bitten» des Senats trat die Zarin dabei nicht in Erscheinung.[86]

Peinlicheres hatte der Kaiserin zu Beginn ihrer Herrschaft nicht zustoßen können. Aus Westeuropa kamen Stimmen der Empörung. «Welch ein Schauspiel für das Volk, sobald es kalten Blutes urteilt», depeschierte ein französischer Diplomat am Zarenhof: «Auf einer Seite der Enkel Peters I. vom Thron gestoßen und umgebracht; auf der anderen der Urenkel des Zaren Iwan V. in Fesseln schmachtend, während sich eine Prinzessin von Anhalt der Krone bemächtigt, die deren Vorfahren trugen...»[87] Das abergläubische Volk im weiten russischen Land legte sich seine eigene Geschichte zurecht. Es entstand die Legende von einem «guten Zaren», der gar nicht gestorben sei, und der kommen werde, die Geknechteten zu erlösen.

Aufgeklärter Despotismus

Katharina wuchs in einer Zeit heran, die als aufgeklärter Absolutismus in die Geschichte eingegangen ist. Die notwendige Umgestaltung der feudalen Gesellschaftsordnung in Europa auf der Grundlage der Menschenrechte, die Gleichheit aller vor dem Gesetz, sollte mit Hilfe gebildeter Herrscher verwirklicht werden. Von solchen Monarchen erwarteten die Aufklärer, daß sie das Axiom «Der Staat bin *ich*»[88] aufgaben und sich als erste Diener ihres Staates betrachteten. Dem Wohl des Volkes sollten alle herrscherlichen Aktivitäten dienen, doch von der Lenkung des Staates blieben die Untertanen nach wie vor ausgeschlossen. Der Übergang vom «reinen» zum «aufgeklärten» Absolutismus ließ sich indessen allenfalls in solchen Ländern bewerkstelligen, in denen fortschrittliche (bürgerliche) Vorstellungen weithin akzeptiert wurden. Im Rußland der Leibeigenschaft war das nicht der Fall. Dort war die Masse des egoistischen, unaufgeklärten Landadels nicht gewillt, Abstriche an seiner Willkürherrschaft hinzunehmen. Einen aufgeklärten «dritten Stand» im westeuropäischen Sinne, ein wohlhabendes Bürgertum, das auf Grund seiner Wirtschaftsstellung politischen Einfluß auf die gesamtstaatliche Entwicklung verlangte, gab es im Zarenreich des 18. Jahrhunderts nicht.

Als Großfürstin hatte sich Katharina das Ziel gesetzt, *der Nation zu gefallen* und *von den Russen geliebt zu werden*.[89] Aus tagebuchartigen Notizen wissen wir, daß die Frau, die sich zum Herrschen erkoren und berufen fühlte, über die *Gerechtigkeit* im allgemeinen, über *Freiheit* und *Glück* von Untertanen nachgedacht hat. Den Ideen der Aufklärer waren Formulierungen wie diese entlehnt: *Es ist gegen die christliche Religion und die Gerechtigkeit, Menschen, die alle mit der Geburt die Freiheit mitbringen, zu Sklaven zu machen... Freiheit, Seele aller Dinge, ohne dich ist alles tot. Ich will, daß man den Gesetzen gehorcht, aber ich will keine Sklaven. Glücklich zu machen, sei das allgemeine Ziel... Man binde mir die Hände soviel man will, um mich zu hindern, Böses zu tun, aber man lasse mir freie Hand, Gutes zu tun. Dem kann jeder vernünftig denkende Mensch zustimmen.* Mit der *Wahrheit* und *Vernunftsgründen*, meinte Katharina, könne man die Volksmassen überzeugen. Natürlich dachte die künftige Gebieterin auch an ihre eigene Person: *Ich will das Wohl dieses Landes, wohin Gott mich geführt hat; er ist mein Zeuge. Der Ruhm dieses*

Landes ist auch der meinige... Die Macht ohne das Vertrauen der Nation ist nichts für denjenigen, der geliebt und berühmt werden will.[90]

An solchen verallgemeinernden Sentenzen erkennen wir eine Idealistin, die Reformen im Sinne einer Milderung der Leibeigenschaft, der Versklavung der Bauern, an der Rußland vor allem krankte, für notwendig hielt. Als Kaiserin allerdings hat Katharina vor den Schwierigkeiten, die sich ihr bei einem Reformversuch entgegenstellten, allzu schnell kapituliert. Mehr noch: In der Regierungszeit Katharinas II. hat sich die Lage der Bauern sogar verschlechtert. Dennoch posierte die Zarin, vor allem mit Blick auf Westeuropa, als mustergültig aufgeklärte Monarchin und ließ sich als Philosophin auf dem Thron feiern, die ein Herz für ihre ärmsten Untertanen besaß. In Wirklichkeit gab Katharina den Wünschen des Adels, der ihren Thron stützte, weitgehend nach und suchte, durch Umbau der Verwaltung, die Selbstherrschaft zu stärken. Das hat ihr in der modernen Geschichtsschreibung den Vorwurf der Heuchelei eingetra-

Voltaire: «Ein großer Mann, den man Katharina nennt.» Vom reformerischen Elan der Zarin läßt sich der Philosoph allerdings täuschen.

gen. Der Widerspruch zwischen der aufgeklärten herrscherlichen Attitüde und den Realitäten des despotischen russischen Regimes wurde unmittelbar nach dem Staatsstreich vom 28. Juni 1762 deutlich: Katharina belohnte die Verschwörer auch mit Ländereien samt deren Bewohnern, die bis dahin unmittelbar dem Staat unterstanden. So verwandelte sie Tausende von persönlich freien Kronbauern in leibeigene Sklaven eines Gutsherrn. (Um das Volk aus Anlaß ihrer Thronbesteigung zu erfreuen, setzte die Kaiserin die Salzsteuer herab.) Während ihrer Regierungszeit hat Katharina II. immer wieder Land und Menschen an Adelige, vor allem an ihre Liebhaber oder an abgehalfterte Favoriten, verschenkt. (Zur Lage der Bauern in Rußland s. «Die Pugatschowschtschina» [S. 83 f].)

Natürlich wußte Katharina, daß sie eine Usurpatorin war; ein Recht auf den Thron ließ sich für die Ehefrau des gestürzten Zaren nicht konstruieren. Sie mußte daher dem Adel, der ihr zur ersehnten Macht verholfen hatte, und von dessen Wohlwollen sie in der Zukunft abhing, ständig gefällig sein. Deshalb auch das Bestreben, zum Ruhm ihrer eigenen Person – und Rußlands – in den aufgeklärten Kreisen des Westens den besten Eindruck zu machen. Die Eitelkeit der Zarin spielte bei ihren Handlungen eine große Rolle; Schmeicheleien war sie sehr zugänglich, so wie sie diejenigen hofierte, deren gute Meinung zu ihrer Popularität im Ausland beitragen konnte.

Die Kaiserin legte sich ins Zeug, um ihre Zarenmacht fest in den Griff zu bekommen; Diplomaten in St. Petersburg haben über Katharinas Fleiß bei der Erledigung von Staatsgeschäften berichtet. *Ich stehe regelmäßig um sechs Uhr früh auf, ich lese und schreibe ganz allein bis acht; dann kommt man und trägt mir die Angelegenheiten vor... Ich gehe vor elf Uhr schlafen, um am nächsten Tag das gleiche zu tun. Das ist geregelt wie Musik auf Notenpapier...*[91] Am staatlichen Leben nahm Katharina also von Beginn an aktiv Anteil, wobei sie sich auf die Hilfe fähiger Ratgeber stützen konnte. Im Unterschied zu ihren Vorgängerinnen wirkte sie bei der politischen Beschlußfassung persönlich mit, indem sie Ukase (Erlasse) und Gesetzesentwürfe eigenständig formulierte. Die Zarin ging auf Reisen, um sich zu informieren. Das hatte es seit Peter I., der als «Lernender» ins Ausland fuhr, nicht mehr gegeben. Von Moskau aus besuchte die Kaiserin das altrussische Kernland im Nordosten. Im Sommer 1764 hielt sich Katharina in den baltischen Provinzen und in Kurland auf. *Seit Anfang dieses Monats führe ich das Leben eines Kalmücken, das darin besteht, ständig von Ort zu Ort zu wechseln. Obwohl ich keine Herden weiden muß, hatte ich nicht drei seßhafte Tage und werde sie weiter nicht haben...*[92] 1767 folgte eine Fahrt auf der Wolga von Twer bis nach Simbirsk.[93]

In diesen frühen Regierungsjahren mußte Katharina erkennen, daß sie einem Staat vorstand, dessen Verwaltung seit den Tagen Peters des Gro-

22. September 1762: Krönung in der Uspenskij-Kathedrale des Moskauer Kreml

ßen in beträchtliche *Unordnung* geraten war. *Der Senat schickte Ukase und Befehle in die Gouvernements, aber die Anordnungen wurden dort so schlecht ausgeführt, daß die Redensart: «Man wartet auf den dritten Ukas» fast sprichwörtlich geworden war, weil dem ersten und zweiten nie Folge geleistet wurde.*[94] Die Zarin ließ die Staatseinnahmen überprüfen, die der Senat mit 16 Millionen Rubel jährlich angegeben hatte. Ihre Beauftragten *rechneten mehrere Jahre* und brachten 28 Millionen zusammen; 12 Millionen Rubel waren Jahr für Jahr in den Taschen korrupter Beamter verschwunden. (Eine vergleichsweise bescheidene Summe, wenn man an den Luxus denkt, der am Zarenhof getrieben wurde, und an die vergeudeten Staatsgelder, mit denen Katharina ihre Favoriten beschenkte.) Armee-Einheiten, notierte die Kaiserin, hatten keinen Sold erhalten.

So verschaffte sich Katharina erste Einblicke in die Probleme des Reichs und begann, sich mit der Situation ihrer 20 Millionen Untertanen vertraut zu machen.

Der Staatsmann Nikita Iwanowitsch Panin, der Katharina lieber als Regentin gesehen hätte, wollte ihre selbstherrscherliche Gewalt beschränken und einer neuen Günstlingswirtschaft vorbeugen. Ein «Kaiserlicher

Rat», schlug Panin vor, sollte der Herrscherin als oberste gesetzgebende Instanz zur Seite stehen. (Als langjähriger Gesandter in Stockholm hatte Panin an der schwedischen Adelsmonarchie Gefallen gefunden.) Die Kaiserin war zunächst nicht abgeneigt, ihre Macht auf solche Weise zu teilen. Dann schalteten sich Katharinas Vertraute ein (Bestuschew-Rjumin, die Brüder Orlow), die das Projekt verständlicherweise strikt ablehnten. Der schon unterzeichnete Entwurf wurde zu den Akten gelegt. An ihrer Selbstherrschaft ließ Katharina II. nicht mehr rütteln. 1764 instruierte sie den neuen Generalprokuror, Fürst Alexander Wjasemskij: *Mancher denkt, daß deshalb, weil er lange in diesem oder jenem Land*

Die Kaiserin.
Gemälde von
S. Torelli

Nikita Panin, zuständig für die Außenpolitik

*lebte, überall alles nach der Politik seines Lieblingslandes eingerichtet wer-
den soll... ungeachtet dessen, daß überall die inneren Einrichtungen auf
die Sitten der Nation gegründet sind... Das russische Kaiserreich ist so
weitläufig, daß außer einem Selbstherrscher jede andere Regierungsform
ihm schädlich wäre, denn alle anderen sind langsamer in der Ausführung
und haben zahllose verschiedenartige Parteilichkeiten in sich, die zur Zer-
stückelung der Macht und der Kraft treiben, während der eine Herrscher,
der das allgemeine Wohl als sein eigenes ansieht, alle Mittel zur Ausrottung
aller Schäden hat.*[95]

Folgerichtig beschnitt die Zarin die Rechte des Senats, den der Generalprokuror im Interesse des Selbstherrschers überwachte. Der Senat,
schärfte Katharina dem Fürsten Wjasemskij ein, habe sich darauf zu be-

schränken, über die Einhaltung der Gesetze zu wachen; Gesetze zu erlassen, wie in der Vergangenheit geschehen, sei seine Sache nicht. Einst hatte Zar Peter I. Aristokraten als Senatoren eingesetzt, damit sie in seiner Abwesenheit die Regierungsgeschäfte führten. Nun wurden die Mitglieder der obersten Verwaltungsbehörde zu Befehlsempfängern degradiert, die ohne Wenn und Aber den allerhöchsten Willen erfüllen mußten.

Ärger gab es mit Teilen des orthodoxen Klerus, den Katharina schwer enttäuschte, weil sie die Kirchenpolitik Peters III. fortsetzte und sogar noch verschärfte, die sie zunächst revidiert hatte. Beschwerden von Klosterbauern, die bei der neuen Zarin vorstellig wurden, boten einen willkommenen Anlaß, die Kassen des Reichs aufzufüllen. Katharina setzte eine Kommission ein, die der höheren Geistlichkeit und einem Teil der Klöster einen staatlichen Unterhalt sicherte, und enteignete dann den kirchlichen Grundbesitz (Frühjahr 1764). Etwa 500 Klöster gab es in Rußland; die Hälfte von ihnen wurde völlig aufgehoben. Die Dorfpopen wurden von der Landbevölkerung direkt unterhalten. Die Kaiserin setzte die Abgaben der bisherigen Klosterbauern herab, die nun zu Kronbauern wurden und auch zuvor keine Leibeigenen waren. Die Erträge der Kirchengüter wurden auf zwei Millionen Rubel jährlich geschätzt.[96] Schon frühere Herrscher hatten den kirchlichen Landerwerb und -besitz beschnitten, doch so weit war bis dahin kein Zar gegangen.

Im allgemeinen wagten es die Geistlichen nicht, offen dagegen aufzubegehren, daß sie zu Gehaltsempfängern des Staates degradiert wurden. Immerhin zog der Erzbischof von Rostow, Arsenij Mazejewitsch, noch vor dem Säkularisationsbeschluß öffentlich gegen die «Kirchenräuber» und «Feinde Gottes» zu Felde. In Schreiben an den Synod[97] kritisierte er zudem die Kaiserin persönlich, griff in die Geschichte der griechischen (russischen) Kirche zurück und bemerkte, nicht einmal unter dem Joch der Tataren sei der Besitz der Kirche angetastet worden. Katharina war beunruhigt und empört. Als Aufrührer wurde Arsenij verhaftet, von einem Synodalgericht abgesetzt (12. April 1763) und in ein Kloster im Hohen Norden, im Gouvernement Archangelsk, verbannt. Unter militärischer Bewachung mußte er dort die schwersten Arbeiten verrichten. Ungeachtet aller Warnungen setzte der ehemalige Metropolit seine Agitation gegen die Regierenden fort. Nun bestritt er Katharina das Recht auf den Thron und beschuldigte den Hochadel, bei der Ermordung Iwans VI. (s. S. 77) die Hand im Spiel gehabt zu haben. Die Zarin reagierte mit äußerster Härte. In den Kasematten der Festung Reval wurde die Unruhestifter zum Verstummen gebracht. Dort galt Arsenij als namenloser Gefangener, das heißt, nur an höchster Stelle kannte man seine Identität. (Arsenij war in der Katharininschen Epoche nicht der einzige Staatsgefangene dieser Art.) Katharina befahl, ihn *Andrej Wralj* (d. h. *Andrej der Lügner*) zu nennen. Die Wachen, möglichst Esten, die Russisch nicht ver-

Вслкъ образъ Крестный погибающимъ юродство,
а спасаемымъ о Христъ печать благодати есть.

Mazejewitsch im Verlies der Festung Reval

standen, hatten den Häftling am Sprechen zu hindern. Sollte er dennoch
ein Gespräch beginnen, mußte cr geknebelt werden. Arsenij Mazejewitsch starb 1772 in seiner Zelle.[98]

War Katharinas Eitelkeit verletzt, konnte die Kaiserin überaus emp-
findlich reagieren, mit Tränen der Wut und Rachegelüsten; in solchen
Situationen nahm sie gewöhnlich erst einmal einen Schluck kalten Was-
sers, ehe sie agierte. Der Kirchenfürst bekam diese Empfindlichkeit zu
spüren. Hatte er doch gerade ihr, die ihre Rechtgläubigkeit stets demonstrativ zur Schau stellte, bescheinigt, mit ihrem Glauben sei es nicht weit
her, und die Lehren der russischen Kirche kenne sie nicht.

Schwerer wog die allgemeine innenpolitische Unruhe, die Katharina veranlaßte, an Mazejewitsch ein Exempel zu statuieren, entgegen dem Rat Bestuschew-Rjumins, der zunächst für Milde plädiert hatte, damit es im Volk kein «Gerede» gebe. Die Unzufriedenheit der Bauern entlud sich in Zentralrußland oder an der Wolga immer häufiger in offenen Rebellionen, zu deren Unterdrückung Militär eingesetzt wurde. Wegen des hohen Kornpreises murrten die Menschen auch in den städtischen Ansiedlungen. Zwar hatte die Regierung vorübergehend verboten, Getreide ins Ausland zu exportieren, doch bestechliche Beamte umgingen das Verbot und ließen Getreideschiffe passieren. Vielen bei Hofe und im Offizierskorps mißfiel die privilegierte Stellung, die Katharina ihrem Geliebten Grigorij Orlow und seinen Familienmitgliedern eingeräumt hatte, die nun auch noch mit Ländereien aus dem beschlagnahmten Kirchenbesitz ausgestattet wurden.

Natürlich dachte manch ein Unzufriedener daran, daß es einen ehemaligen Kaiser gab, in dessen Adern Blut der Romanows floß, den man dazu benutzen konnte, die Zarin zu stürzen. Das war Iwan VI. Antonowitsch, der «namenlose» Gefangene in der Festung Schlüsselburg.[99] Am 5. Juli 1764 unternahm Wassilij Mirowitsch, Leutnant in dem bei Schlüsselburg stationierten Smolensker Regiment, einen dilettantischen Versuch, Iwan mit Gewalt zu befreien und ihn in seine Thronrechte einzusetzen. Der Versuch mißlang: Die Wachen handelten nach ihrem Befehl, den Gefangenen bei einem Befreiungsversuch zu töten. Iwan Antonowitsch, der nie Freiheit erlebte, starb im Alter von 24 Jahren. Wassilij Mirowitsch wurde nach einem Prozeß hingerichtet.

Peter III. und Iwan VI. Zwei Morde, die Katharina sehr gelegen kamen, überschatteten die ersten Jahre einer kaiserlichen Karriere. Nun kam die Zarin beim eigenen Volk und jenseits der Grenzen tatsächlich ins «Gerede». In einem Manifest[100] zum Tod Iwans teilte Katharina II. der Welt diesmal die Wahrheit mit, genauer gesagt, die halbe Wahrheit, denn sie umging geschickt die Tatsache, daß es einen Tötungsbefehl gab, den ihre Regierung ausdrücklich bestätigt hatte.

Angesichts solcher Turbulenzen machte sich Katharina um so intensiver an ein Werk, dessen Vollendung, so hoffte sie, ihr die Liebe der Untertanen dauerhaft sichern, das Lob des Auslands und den Nachruhm der Geschichte einbringen werde. Eine neue, im Geist der Aufklärung konzipierte Gesetzgebung sollte das *Glück des Reiches* und die *höchste Wohlfahrt* seiner Menschen begründen. Denn *Unordnung* gewahrte die Kaiserin nicht nur in einer korrupten Verwaltung – *sucht jemand einen Posten, so zahlt er* –, sondern auch in den Gesetzen, von der problematischen Rechtsprechung durch bestechliche Richter ganz zu schweigen. *So weit ist es mit der unersättlichen Begierde nach Geschenken in unserem Reich gekommen, daß die göttliche Handlung, die Ausübung der Gerechtigkeit, selbst auf kleinsten Richterstühlen von dieser Seuche angesteckt wurde…Will sich jemand gegen Verleumdungen schützen, so muß er das mit Geld tun; will jemand einen anderen verleumden, so unterstützt er seine Ränke durch Bestechungen.*[101] Es gab, bemerkte Katharina in ihren *Memoiren*, bei der Behandlung vieler Streitfragen *keine festen, einheitlichen Regeln. Auch die Gesetze, die zu unterschiedlichen Zeiten erlassen waren und der jeweiligen Auffassung entsprachen, schienen sehr widerspruchsvoll zu sein*[102]. Die alten Gesetze neu zu ordnen, entschied Katharina, reiche nicht aus, die *große Verwirrung in der Rechtsprechung* zu beseitigen. Das russische Recht müsse vielmehr von Grund auf neu formuliert und den Erfordernissen der Gegenwart angepaßt werden.

Von Jahresbeginn 1765 an beschäftigte sich die Kaiserin mit dieser *ungeheuren Aufgabe.* Für die Kommission, die das neue Gesetzbuch ausarbeiten sollte, entwarf sie eine *Instruktion* (russ. *Nakas*), allgemeine Richtlinien oder Belehrungen, wobei sie die Gedanken aufgeklärter westeuropäischer Staatstheoretiker und anderer Autoren übernahm, deren Werke sie eingehend studierte. Obgleich die Verfasserin im Text der *Instruktion* ihre Quellen verschwieg und einfach *abschrieb* (eine zu Katharinas Zeiten läßliche Autorensünde), hat sie sich in mehreren Briefen zu dem Plagiat bekannt. An d'Alembert: *Sie werden sehen, wie ich, zum Nutzen meines Reiches, Montesquieu geplündert habe, ohne ihn zu nennen. Sieht er meine Arbeit von der anderen Welt aus, so wird er mir dieses Plagiat doch hoffentlich verzeihen, um der Wohltaten willen, die sich daraus für zwanzig Millionen Menschen ergeben sollen… Sein Werk* («De l'esprit des lois», Genf 1748) *ist mein Gebetbuch.* An Friedrich II.: *Eure Majestät werden in dieser Instruktion nichts Neues finden, nichts, was Sie nicht schon wüßten. Sie werden sehen, daß ich es gemacht habe, wie der Rabe in der Fabel, der sich mit Pfauenfedern schmückte.*[103]

So entstand, gewissermaßen, eine Enzyklopädie für den russischen Hausgebrauch, in der die Ideale der Aufklärung wiederum eine große Rolle spielten. In 653 Paragraphen äußerte sich Katharina zu Rußland und seiner Regierungsform, zu Gesetzen und Strafen, zu den Bevölkerungsklassen, wirtschaftlichen Fragen usw. Der Staat und das Recht als Produkte von Umwelt und Natur, des Klimas, der Sitten und Religion, der Eigenschaften des Volkes – diesem Leitgedanken Montesquieus konnte die Zarin durchaus beipflichten. Die konstitutionell eingeschränkte Monarchie nach englischem Vorbild, die der Franzose als ideale Staatsform pries, gefiel der Autokratin auf dem Zarenthron dagegen nicht. Von Despotie mit Untertanenfurcht, die Montesquieu erwähnte, wollte die «aufgeklärte» Monarchin allerdings auch nichts wissen. Ein so ausgedehntes Reich, wie das russische Imperium, wiederholte sie, benötige einen Selbstherrscher, das heißt eine absolute *souveräne Gewalt,* damit Entscheidungen ungeachtet der Entfernungen schnell und wirksam durchgesetzt werden könnten. (Katharina umging die Formulie-

Montesquieu

rung «ein großes Reich setzt eine despotische Gewalt voraus», die Montesquieu gebraucht hatte.[104])

Zu Fragen der Rechtspflege kopierte die Kaiserin Cesare Beccaria, dessen Buch «Dei delitti e delle pene» («Von Verbrechen und Strafen») gerade erschienen war und beträchtliches Aufsehen erregte.[105] Wie der Marchese lehnte Katharina die Folter ab, die seit ihrer Regierungszeit in Rußland tatsächlich nicht mehr praktiziert wurde.

Ehe die *Instruktion* veröffentlicht und einer gesetzgebenden Versammlung ausgehändigt wurde, machte Katharina einige Berater mit einem Teil ihrer *Regeln* bekannt. *Nikita Panin sagte mir: «Das sind Grundsätze, die geeignet sind, Mauern einzureißen»*, womit er die generelle Milderung der Leibeigenschaft meinte, die sich die Kaiserin zum Ziel gesetzt hatte. Danach beauftragte sie Repräsentanten des Adels, den *Nakas* (in seiner ursprünglichen Fassung) zu prüfen. *Bei jedem Paragraphen gab es Meinungsverschiedenheiten. Ich gestattete ihnen zu streichen, so viel sie woll-*

ten. Sie strichen mehr als die Hälfte von dem, was ich geschrieben hatte, und es blieb die Instruktion in der Form übrig, wie sie gedruckt wurde. Ich gebot, sie als das zu nehmen, was sie ist, als Regeln, auf die man eine Meinung gründen kann, aber nicht als ein Gesetz... Die Instruktion brachte viel mehr Einheit in alle Regeln und Gesichtspunkte, als dies früher der Fall war. Viele kannten von da an wenigstens den Willen des Gesetzgebers und begannen auch, danach zu handeln.[106]

Gestrichen wurden liberale Vorstellungen, vor allem im Hinblick auf die Bauern. Das geht aus Bruchstücken des Originalentwurfs hervor, die erhalten geblieben sind, die aber in der gedruckten Fassung fehlen. Dafür ein Beispiel. § 261 des gedruckten *Nakas* lautet: *Die Gesetzgebung kann viel Nutzen stiften, indem sie gestattet, daß die Leibeigenen Eigentum besitzen.* In dem handschriftlichen Entwurf heißt es dann weiter: *...und ihnen die Möglichkeit gewährt, daß sie sich selbst die Freiheit erkaufen.* Dieser Zusatz fiel der Zensur des Adels zum Opfer[107], der sich die Kaiserin freiwillig unterzog und der sie sich, beflissen nach allen Seiten, beugte, ohne entschieden genug zu widersprechen. Es kam also zu unverbindlichen Deklamationen nach Art der §§ 252 und 253: Ausgehend vom *natürlichen Recht* müsse das Los der Untertanen erleichtert werden, *so viel es die gesunde Vernunft zuläßt.* Folglich dürften nur bei *äußerster Notwendigkeit*

Der kaiserliche «Nakas»

Robe Katharinas II. Glacé und Brokat mit aufgenähten Doppeladlern (Rokokostil)

und nur *zum Besten des Reiches,* nicht etwa um eines persönlichen Vorteils willen, *Menschen zu Sklaven gemacht* werden. Und bekräftigt wurde der Grundsatz, es sei nicht angebracht, auf einen Schlag, durch eine allgemeines Gesetz vielen Leibeigenen die Freiheit zu schenken (§ 260).[108]

Unterdessen hatte die Zarin die *Gesetzgebende Kommission* nach Moskau einberufen, eine Versammlung von rund sechshundert Delegierten der Stände, Städte und Behörden, der Kosaken und der nichtrussischen Völker des Reichs. Die freien Kronbauern waren vertreten, nicht aber die Leibeigenen. Die Kommission nahm am 30. Juli 1767 im Facetten-palast des Kreml ihre Arbeit auf. Die Abgeordneten, denen der «gesäu-berte» *Nakas* vorlag, meldeten sich ihrerseits schriftlich mit den Wün-schen und Beschwerden jener zu Wort, deren Interessen sie vertraten. Nach monatelangen Diskussionen über eine Flut von Anträgen [109] wurde der Kaiserin klar, daß auf diese Weise ein neues Gesetzbuch nicht zu-stande kommen konnte. Der Ausbruch des Krieges mit der Türkei (Ende September 1768) war dann ein eher willkommener Anlaß, das ge-setzgeberische Mammutunternehmen abzubrechen. Da sich viele ade-lige Delegierte bei der Armee melden mußten, löste Katharina die ganze Versammlung auf.

Über den Zustand ihres Reichs war die Kaiserin nun bestens infor-miert, denn durch die Debatten der Versammlung erfuhr sie in relativ kurzer Zeit weit mehr als manch ein Zar in langen Regierungsjahren. Gesetzgeberischen Ruhm als Reformerin konnte Katharina allerdings nicht für sich beanspruchen, und praktische Ergebnisse hatte ihr *Nakas* kaum. Doch der Vorschußlorbeer, den sie geerntet hatte, erwies sich als dauerhaft und prestigefördernd, und an der Legende, sie werde Rußland mit einem großartig-gerechten Gesetzgebungswerk beglücken, hat Ka-tharina eifrig mitgestrickt. Entsprechend unterrichtete der englische Ge-sandte Macartney seine Regierung, noch ehe die *Instruktion* überhaupt veröffentlicht war. Das vorrevolutionäre Frankreich tat der russischen Zarin die Ehre an, ihre (entschärften) Belehrungen zu indizieren, die Friedrich II. von Preußen dagegen als Grundsätze der Menschlichkeit und Milde pries. Prompt machte die Berliner Akademie Anfang 1768 Katharina II. zu ihrem Mitglied. [110]

Bei aller staunenswerter Energie, die die Frau auf dem Zarenthron entwickelte, unterdrückte sie gelegentlich Zweifel nicht. Aus Kasan [111] schrieb Katharina an Voltaire: *Jene Gesetze, von denen man so viel spricht, sind noch nicht verfaßt, und wer kann für ihre Tauglichkeit bür-gen? ... Stellen Sie sich vor, daß Sie Europa und Asien dienen müssen. Welch ein Unterschied in Klima, Menschen, Gewohnheiten, vor allem in den Begriffen. Das wollte ich mit eigenen Augen sehen, und da bin ich nun in Asien. In dieser Stadt gibt es zwanzig Völker, die sich in keinem Stück gleichen, und trotzdem muß man ihnen einen Rock nähen, der allen gleich gut sitzt. Es ist leicht, allgemeine Regeln zu finden, aber die Details? Und welche Details? Wie viele sind es? Das ist fast so schwer, als müßte man eine ganze Welt erschaffen, sie vereinigen und erhalten.* [112]

Die Pugatschowschtschina

Adelige Gutsherren und leibeigene Bauern, Bestandteile dieser unvereinbaren *Welt,* lebten zwar in Tuchfühlung nebeneinander, standen einander jedoch entfremdet gegenüber. Die meisten derjenigen, die seit Generationen an das Land und an den jeweiligen Herrn gefesselt waren[113], fügten sich geduldig in ihr, wie sie es sahen, von Gott gegebenes Schicksal. Viele suchten durch Flucht die Freiheit zu erlangen; sie wichen aus in die Steppen des Südens und Südostens, in die undurchdringlichen Wälder des Nordens, wo die Obrigkeit noch keine Macht über sie hatte. Doch immer wieder kam es auch zu Rebellionen. Stenka Rasins Kosaken- und Bauernhaufen machten Alexej Michailowitsch, dem Vater Peters I., zu schaffen, und auch unter dem Regime Peters des Großen war die Unzufriedenheit im einfachen Volk weit verbreitet.

Seit der Regierungszeit Elisabeth Petrownas häuften sich Fälle, da einzelne Bauern gegen ihre Peiniger[114] mit Gewalt vorgingen, den Dworjanin oder dessen Verwalter töteten, das Herrenhaus anzündeten und die Flucht ergriffen. Gegen *unbotmäßige Fabrikbauern,* die dem Wirtschaftsmagnaten Peter Iwanowitsch Schuwalow gehörten, setzten die Generale Katharinas II. sogar Artillerie ein. Diese Leibeigenen, auch Posessionsbauern genannt, wurden Manufakturen oder Bergwerken zugeteilt, die ihr Gutsherr betrieb, eine besonders einträgliche Form der Ausbeutung, da die Fabrikanten die Zwangsarbeiter *unregelmäßig oder gar nicht bezahlten*[115]. Die Fabrikbauern hatten ein besonders schweres Los, denn die Bergwerke mit den Produktionsstätten, in denen sie schufteten, lagen oft Dutzende von Kilometern von ihren Heimatdörfern entfernt.

Mit dem Ukas Peters III. «Von der Freiheit des Adels», den Katharina bestätigte, wuchs die Unruhe in der bäuerlichen Bevölkerung. Denn nun kehrten viele adelige Grundbesitzer, der lästigen Dienstverpflichtung gegenüber dem Staat ledig, aus der Stadt oder vom Militär auf ihre Güter zurück. Doch das Land und die dazugehörigen Bauern – das war keineswegs in Vergessenheit geraten – wurden dem Adeligen einst anvertraut, damit er, wirtschaftlich unabhängig, in der Lage war, dem Zaren, das heißt dem Staat, zu dienen. Die bäuerliche Arbeit war also die Voraussetzung bzw. Entschädigung oder Belohnung des Gutsherrn für seinen Einsatz zum Wohl der Allgemeinheit. So wie der Leibeigene an seinen Herrn

Herrenhaus bei Wologda, zweite Hälfte 18. Jahrhundert

gefesselt war, genauso war der Adelige an den Staatsdienst gebunden. Nun war der Dworjanin völlig frei, seinen Dienst zu quittieren, also, argumentierten die Bauern, sei auch ihre Dienstpflicht gegenüber dem Adel beendet, habe das System der Leibeigenschaft seinen Sinn verloren – und mit jedem neuen Tag erwarteten sie die ersehnte Freiheit.

Sie warteten vergeblich. Da verbreitete sich das Gerücht, Peter III. sei gerade deshalb vom Thron gestoßen worden, weil er auch dem Muschik die «Freiheit» geben wollte.

Unzufrieden waren auch andere Bevölkerungsgruppen: Fremdstämmige, Altgläubige, Kosaken. Die muslimischen Baschkiren zum Beispiel, Asiaten, die zwischen Wolga und Ural siedelten, hatten sich wiederholt gegen die rücksichtslose russische Landnahme und gegen die Willkür der zaristischen Beamten erhoben; flüchtigen russischen Bauern gewährten sie Asyl. Altgläubige, auch Raskolniki (Schismatiker) genannt, hielten am eigenständigen Ritual und an den Texten der russischen Kirche fest, die Mitte des 17. Jahrhunderts «gereinigt» worden waren. Die Raskolniki mußten erhöhte Steuern zahlen und wurden auch sonst von den Behörden und der Staatskirche bedrängt. Aufstände der Kosaken[116] hatte es immer wieder gegeben, wenn die Zentralgewalt versuchte, die freiheitsliebenden Krieger und Bauern unter ihr Regime zu zwingen. Um die Mitte des 18. Jahrhunderts gab es ein freies Kosaken-

Bauernhütte zur Zeit Katharinas

tum nur noch im Vorland des Kaukasus, an Terek und Kuban, und an den Ufern des Ja'ik (Ural).

In Rußland standen die Zeichen auf Sturm, doch die Zarin wollte sie nicht sehen. Ganz im Gegenteil. Kein Schatten sollte auf Katharinas selbstentworfenes Bild einer Wohltäterin fallen, die ihre Untertanen mit *mütterlicher Liebe und Fürsorge* umgibt. Deshalb auch ihr stetes Bemühen, die aufgeklärten Geister des Westens zu beschwichtigen, denen die russischen Zustände keineswegs gefielen. Aus einem Brief an Voltaire vom 3. Juli 1769: *Übrigens sind bei uns die Abgaben so bescheiden, daß es in Rußland keinen Bauern gibt, der nicht sein Huhn im Topf hat, wenn es ihm beliebt.* Es gäbe sogar Provinzen, wo die Bauern Truthähne den Hühnern vorzögen.[117]

Während die schreibselige Kaiserin wider besseres Wissen solche Sätze zu Papier brachte, bereiteten sich ihre Generale auf den türkischen Feldzug vor, der den Russen nicht nur Siege einbrachte: Die Pest, die Ende 1770 in Moskau ausbrach, war vom balkanesischen Kriegsschauplatz eingeschleppt worden. Der Seuche, die ein Jahr lang wütete, fielen nicht nur ungezählte Kranke zum Opfer, sondern auch Ärzte und Amtspersonen, gegen die sich der Zorn rebellierender Bürger richtete. Unter ihnen war Amwrosij, der Moskauer Metropolit, der sich um die Beachtung der Hygienevorschriften kümmerte; er wurde von einer wütenden Menschenmenge erschlagen, die nicht begriff, worum es dem Geistlichen ging. Wenig später meuterten Einheiten der Ja'ik-Kosaken. Regierungstruppen besetzten ihr Territorium; die kosakische Selbstverwaltung wurde am Ja'ik außer Kraft gesetzt.

Es war, als warteten alle diese Unzufriedenen oder Entrechteten nur auf einen, der sie vereinte und führte. Dann mußte der Sturm losbrechen, der elementare Protest des Volkes, und die ungerechte Ordnung samt ihren Repräsentanten hinwegfegen.

Dieser Mann war Jemeljan Pugatschow, der Sohn eines Don-Kosaken, genauer, Pugatschow in der Rolle des Zaren Peter III. Der junge Kosak nahm am Siebenjährigen Krieg teil. Schon früh geriet er mit seinen Vorgesetzten aneinander und wurde wegen eines Dienstvergehens körperlich bestraft. Er war bei der Armee, die gegen die Türken kämpfte, wurde aber wegen Krankheit entlassen. Seither strich Pugatschow, immer im Konflikt mit der Obrigkeit, als «flüchtiger Kosak» umher, vom polnischen Grenzgebiet, über Don und Wolga bis hin zum Ural. So kam er mit allen in Berührung, die, aus unterschiedlichen Gründen, gegen das Regime opponierten, und er konnte sich eingehend über die Stimmung im Volk

Ja'ik-Kosaken

Pugatschow. Der deutschsprachige Text warnt
die Wolgadeutschen vor dem Rebellen

informieren. In dieser Zeit verdichteten sich die Gerüchte, wonach der «gute Zar» Peter III. lebte und, irgendwo unter den Kosaken verborgen, auf seine Stunde wartete. Mehrere Pseudopeter hatten sich schon gemeldet, war Rußland doch das klassische Land falscher Prätendenten.[118] So gab sich auch Pugatschow für Peter III. aus, den rechtmäßigen Herrscher auf dem Zarenthron.

Zu seinem Betätigungsfeld erwählte Pugatschow alias Peter III. das Gebiet der Ja'ik-Kosaken, wo er im Herbst 1773 einen Aufstand ent-

Der Aufrührer wird nach Moskau gekarrt

fachte, der im Laufe eines Jahres die russische und nichtrussische Bevölkerung des Wolga-Beckens und des Ural-Gebirges erfaßte. Von einem durchdachten Programm Pugatschows konnte keine Rede sein. Der Pseudozar versprach den Menschen das, was sie hören wollten, den Bauern ewige Freiheit und Ackerland, Wälder und Fischereirechte, ohne Kosten und Abgaben, den Soldaten, die in seine Dienste traten, ausreichend Proviant, Würden und Ehren. Allen Untertanen sollte die drückende Kopfsteuer erlassen werden. Er appellierte so an den Freiheitsdrang, der im Russen schlummerte, und an die anarchischen Instinkte der Volksmassen, insbesondere des kosakischen Teils der Bevölkerung. Das Volk, das schon lange nicht mehr auf die Gerechtigkeit der gegebenen Ordnung vertraute, strömte den Aufrührern zu; Sträflinge wurde befreit, Soldaten, die sie bewacht hatten, schlossen sich dem Aufstand an. Die Festung Orenburg, Sitz des Gouverneurs, wurde ein halbes Jahr lang belagert, bis Entsatz heranrückte. Andere Orte, wie Samara, Pensa oder Saratow, wurden eingenommen. Auch in Kasan, Verwaltungszentrum des Wolgagebiets, drang die «Armee» Pugatschows ein (Juli 1774), doch in der Zitadelle konnte sich die Garnison halten. Wolgaschiffer und burlaki (Bootsschlepper) wurden vom Aufruhr erfaßt. Sogar im entfernten Moskau kam es zu Sympathiekundgebungen für Pugatschow.

Zunächst war Pugatschow um Disziplin seiner Anhänger bemüht, die ihre Gefangenen wahllos niedermetzelten, reihenweise aufknüpften. Später stachelte er – mit kaiserlichem Ukas Peters III. – die Bauern persönlich an, sich an den «adeligen Bösewichtern» zu rächen und sie auszurotten. So wurden Tausende von Gutsbesitzern, auch adelige Frauen und Kinder, grausam ermordet.

St. Petersburg wurde von den Ereignissen völlig überrascht. Amtliche Stellen unterschätzten zudem die Bedeutung der Kosakenrebellion, die schnell die Dimension eines Bauernkriegs erreichte. Über die Hintergründe dieser sozialen Revolution schien sich Katharina II. keine Gedanken zu machen, ihre Ursachen bekämpfte sie auch dann nicht, nachdem der Volksaufstand niedergerungen war. Statt dessen beklagte die Kaiserin den schlechten Eindruck, den die Aktionen der *Straßenräuber* ... von denen ... *unsere Neider so großen Lärm machen* (Briefe an Frau von Bielke vom Januar und Februar 1774), im westlichen Ausland hervorrufen mußten; wieder einmal war Katharina um ihren guten Ruf als Volksbeglückerin besorgt, den dieser Zornesausbruch ihrer Untertanen ruinierte. *Ich habe vor zwei Jahren die Pest im Herzen des Reiches gehabt; jetzt habe ich an den Grenzen zu Kasan eine politische Pest, die uns etwas zu raten aufgibt ... Dies wird gleichfalls mit Hängen enden. Doch welche Aussicht für mich, die das Hängen nicht liebt. Europa wird uns, in seiner Meinung, in die Zeit des Zaren Iwan Wassiljewitsch*[119] *zurückverweisen; solche Ehre für das Reich müssen wir von diesem verächtlichen Bubenstreich erwarten.* (Brief vom 10. Dezember 1773 an den Gouverneur von Nowgorod Jakob Johann Sievers, einen Livländer, den die Kaiserin schätzte.) *Verlieren Sie keine Zeit und beenden Sie diese fatale und anrüchige Angelegenheit. Ich bitte Sie um Gottes willen, geben Sie sich alle Mühe, diese Verbrechen, die uns vor aller Welt beschämen, auszumerzen.* (Brief vom 9. Februar 1774 an General Alexander Bibikow, den die Kaiserin beauftragte, den Aufstand niederzuschlagen.) Fragten westliche Brieffreunde an, so spielte Katharina die Bedeutung der Volksbewegung herunter: *Nur die Zeitungen machen viel Lärm um den Räuber Pugatschow ... den täglich der Hanfstrick erwartet.* (Brief vom 4. März 1774 an Voltaire.)[120]

Erst nach dem Frieden mit der Türkei (10. Juli 1774) standen die besten Truppen in ausreichender Zahl zur Verfügung, den Aufständischen mit aller Härte zu begegnen. Ende August wurde Pugatschow bei Zarizyn

Hinrichtung Pugatschows

(Wolgograd) entscheidend geschlagen. Mit einem Trupp Kosaken überquerte er die Wolga und floh in die Steppe. Seine eigenen Leute nahmen ihn bald darauf fest und lieferten ihn am 14. September 1774 aus. In einem hölzernen Käfig wurde Pugatschow nach Moskau gebracht und dort am 10. Januar 1775 öffentlich enthauptet.

Obgleich Katharina generell eher für Milde plädierte (und auch ausdrücklich verboten hatte, Pugatschow zu foltern), blieben Massenrepressalien an dem *Lumpengesindel,* das die Herrschenden derart in Schrecken versetzte, nicht aus. Doch Ende 1775 wurde eine Amnestie erlassen. Die Kaiserin befahl, die Namen, die mit dem Aufstand verbunden waren, zu tilgen: Die Ortschaft Ja'izkij gorodok wurde in Uralsk und der Fluß Ja'ik in Ural umbenannt. Von der Pugatschowschtschina[121] durfte in der Öffentlichkeit nie mehr gesprochen werden.

Vergeblich blieb der verzweifelte Versuch der Sklaven, an ihren Ketten zu rütteln (Brückner). Denn von nun an war es mit liberalen Regungen einer aufgeklärten Monarchin endgültig vorbei. Das Ende der Pugatschowschtschina war der Beginn einer zwanzigjährigen reaktionären Politik, die mit dem Namen Katharinas II. verbunden ist, und das Erschrecken der Mächtigen vor der Erhebung des Muschik mündete ein in die Angst vor dem Bazillus der Französischen Revolution, dessen Virulenz sich auch in Rußland erweisen könnte.

Polen wird geteilt

Russen und Polen sind slawische Verwandte, Brüder allerdings waren sie nie. Die polnisch-russische Animosität, der wir auch in der Gegenwart begegnen, wurzelt tief in der Geschichte. Es gab eine Zeit, da nutzten die Polen die Schwäche ihres russischen Nachbarn aus, um sich die Moskowiter zu unterwerfen. Das lag erst 150 Jahre zurück. Auch deshalb war es den Zaren nie gleichgültig, was in Polen geschah, wer auf dem Warschauer Königsthron saß, das heißt, welche ausländischen Mächte in Polen das Sagen hatten.

Die endlosen Kriege, die Polen im 17. Jahrhundert führte, die Kämpfe mit Russen, Schweden oder Türken, der blutige Streit um die Ukraine und, nicht zuletzt, die Bürgerkriege ließen die militärischen und wirtschaftlichen Kräfte der Nation verfallen.

Das seltsame Verfassungsrecht, das sich die Polen gegeben hatten, trug darüber hinaus zum Niedergang ihres Staatswesens bei: Polen nannte sich zwar Republik (Rzeczpospolita), war jedoch ein Wahlkönigreich, eine Adelsrepublik, die sich von Königen repräsentieren ließ. Der Landadel, die Szlachta, war der Souverän, genauer gesagt die Magnaten, ein Dutzend der mächtigsten Latifundienbesitzer, berühmte Familien, westeuropäischen Fürstenhäusern vergleichbar. Ihnen dienten sich die zahllosen verarmten Adeligen an, die kein Land besaßen und deren wechselnde Loyalität gekauft werden konnte. Mit ihrer Hilfe beherrschten die Magnaten den Sejm, das Adelsparlament.[122] Es war nicht schwer, den Sejm zu manipulieren. Denn dort kam die «goldene Freiheit» der republikanischen Aristokraten in dem berüchtigten liberum veto zum Ausdruck, das heißt, ein einziger Abgeordneter konnte, ohne Begründung, durch seinen Einspruch jeden beliebigen Parlamentsbeschluß zunichte machen. Er brauchte nur zu sagen: «nie pozwalam» – Ich erlaube das nicht. Das liberum veto sollte ursprünglich verhindern, daß Mächtige den Sejm mißbrauchten, doch so radikal angewandt, wie es geschah, hatte das Prinzip der parlamentarischen Einstimmigkeit seinen Sinn verloren. Der König, den eine Adelsversammlung wählte, mußte sich verpflichten, die Rechte des Adels und des Sejm zu respektieren. Nicht ungern erwählte die Szlachta einen Ausländer zum Oberhaupt der Rzeczpospolita. Denn ein fremder Monarch war von Beginn an schwach, er konnte sich in Polen auf

Polen im 18. Jahrhundert
Vor den Teilungen erstreckte sich die Rzeczpospolita von der Rigaer Bucht bis an die
Karpaten, von der schlesischen Grenze bis weit in die Ukraine

keine Hausmacht stützen. Andererseits sorgten ausländische Mächte dafür, daß ein Kandidat nominiert wurde, der ihre Interessen vertrat. So gelangten Potentaten aus Frankreich, Ungarn, Schweden und Sachsen zu polnischen Königswürden. Dieses Verfassungssystem, bemerkt der Publizist Heinrich Jaenecke, diente einem einzigen Zweck: die Freiheit und Macht des Adels zu schützen. Es entwickelte sich das ausgeprägte Bewußtsein von Freiheit und Unabhängigkeit, das später auf das polnische Bürgertum ausstrahlte: «Die prickelnde Luft der Anarchie, die Polen von seinen Nachbarn unterscheidet – sie ist ein Erbe der untergegangenen Adelsrepublik. Andererseits war die lange Herrschaft der Szlachta die Ursache des polnischen Unglücks. Sie blockierte die Entwicklung des Landes in verhängnisvoller Weise. Denn es gab keine Zentralgewalt, die Polen in einen modernen Staat hätte umwandeln können... Polen dämmerte in selbstgefälliger Stagnation dahin... Die Freiheit degenerierte zu Anarchie, Ineffizienz und Korruption. Polen wurde zum Spielball fremder Mächte.» [123]

Natürlich lag den Nachbarn der Rzeczpospolita, vor allem Rußland und Preußen, daran, daß sich an diesen Zuständen nichts änderte; Polen sollte schwach und zerstritten bleiben. Deshalb widersetzte sich auch Katharina jeder Reform, jedem Versuch, die Verfassung zu ändern und die Zentralgewalt, das heißt die Position des Königs zu stärken. *Ich frage, ob Rußland einen despotischen Nachbarn besser gebrauchen kann, als die glückliche Anarchie, in der sich Polen befindet und die uns in die Lage versetzt, nach Belieben zu verfahren,* notierte Katharina schon als Großfürstin.[124] Schneller als erwartet konnte die Zarin beweisen, daß sie gerade in der Polen-Frage ihre Vorgänger an Rücksichtslosigkeit und Härte noch übertraf. Nach dem Tod des Kurfürsten von Sachsen Friedrich August II. am 5. Oktober 1763, der als August III. 30 Jahre lang über Polen geherrscht hatte, war in Warschau eine Königswahl fällig. Ungeniert nominierte Katharina ihren ehemaligen Geliebten Stanisław August Poniatowski, der sich dagegen zunächst heftig sträubte; der polnische Graf schien ihr als Werkzeug russischer Politik bestens geeignet. Friedrich II. von Preußen war mit dem Kandidaten der Zarin einverstanden. Durch einen förmlichen Vertrag besiegelten Preußen und Rußland ihre Übereinstimmung in der Polen-Frage. Nun stand einer Wahl Poniatowskis nichts mehr im Weg, zumal Katharina II. mit massivem militärischem Druck nicht geizte, um der «russischen Partei» in Polen zum Sieg zu verhelfen. (Auf gleiche Weise waren seinerzeit die sächsischen Kurfürsten zu

Auch Ausländer residierten im Warschauer Königsschloß

Stanisław II. August Poniatowski

Königen von Polen befördert worden.) Als Stanisław II. August bestieg Poniatowski nach seiner Wahl (7. September 1764) den Thron. *Ich gratuliere Ihnen zu dem König, den wir gemacht haben,* schrieb die Zarin an Panin, und ein Vierteljahrhundert später bemerkte sie, Petersburg habe sich für die Kandidatur Poniatowskis entschieden, *weil er von allen Bewerbern am wenigsten Rechte hatte und sich folglich Rußland mehr verpflichtet fühlen mußte als jeder andere*[125].

So unterwürfig, wie es die Königmacherin erwartet hatte, verhielt sich Katharinas Protegé allerdings nicht. Zum Ärger der Kaiserin versuchte Stanisław II. August, eigenständig Politik zu machen und seine Position, das heißt die monarchische Gewalt, zu stärken. Die Lage in Polen blieb höchst verworren, zumal die Zarin schnell einen neuen Anlaß fand, in der

Republik einzugreifen. Sie forderte die Gleichstellung des beträchtlichen griechisch-orthodoxen Bevölkerungsteils mit der katholischen Mehrheit. Es ging um Weißrussen (Weißruthenen) und Ukrainer, die zum polnischen Staatsverband gehörten. Entgegen vertraglichen Zusicherungen waren diese sogenannten Dissidenten durch die Intoleranz der polnischen Katholiken diskriminiert und in ihrer Religionsfreiheit behindert. Orthodoxe Adelige durften kein staatliches Amt bekleiden und nicht in den Sejm gewählt werden. Empört wiesen die römisch-katholischen Szlachcicen die Forderung nach Gleichberechtigung ihrer andersgläubigen Kollegen zurück. Auf lange Diskussionen ließ sich Katharina jedoch nicht ein. Seit Jahren operierten russische Truppen an der Grenze oder auf dem Gebiet der Rzeczpospolita, um die Polen einzuschüchtern; jetzt wurden sie nach Warschau in Marsch gesetzt und drangen in die Hauptstadt ein. Fürst Repnin, der Gesandte der Zarin, leistete sich einen besonders krassen Übergriff. Er ließ einige Wortführer des Sejm, unter ihnen zwei Bischöfe, verhaften und nach Rußland deportieren, wo sie interniert wurden, bis sich die Polen «beruhigt» hatten. Das Parlament beugte sich der Gewalt und akzeptierte Anfang 1768 die russischen Forderungen.

Doch damit war der Schlußstrich nicht gezogen. Unter der Führung des Magnaten Karol Radziwill schlossen sich Adelige, die gegen die Gleichstellung der Dissidenten und gegen den russischen Einfluß opponierten, in der Ortschaft Bar im ukrainischen Teil Polens zu einer Konföderation[126] zusammen und griffen zu den Waffen. Die Rebellion, die sich auch gegen den König richtete, hatte einen Bürgerkrieg zur Folge, der vier Jahre andauerte. Zur gleichen Zeit erhob sich die Bevölkerung der polnischen Ukraine[127] gegen die Willkürherrschaft der Magnaten. Grausam wüteten die Hajdamaken (wehrhafte Bauern und Kosaken) gegen Katholiken und Juden[128]; sie konnten nur mit russischer Hilfe niedergeworfen werden. Diese Ereignisse zeigten: Polen war unregierbar geworden. Die selbsternannten «Ordnungsmächte» traten auf den Plan. Die Zeit der Teilungen war gekommen.

Ein ungeteiltes, aber von Rußland beherrschtes Polen hätte Katharina II. am liebsten gesehen. Das war jedoch nicht nach dem Geschmack des Preußenkönigs. Friedrich II. erkannte die günstige Gelegenheit, sein Staatsgebiet abzurunden, das heißt, die Stammländer Preußen und Brandenburg, sowie Pommern, zusammenzuschließen, die durch polnisches Territorium getrennt waren. Eine Teilung Polens war im Kräfte- und Intrigenspiel der europäischen Mächte schon bei früheren Gelegenheiten erwogen worden, doch nun ging die Initiative von Preußen aus.[129] Die Zarin stimmte schließlich zu, und Österreich schloß sich an. Am 5. August 1772 unterzeichneten die drei Mächte in St. Petersburg einen Vertrag, der die erste Teilung Polens besiegelte. Die offizielle Begründung lautete, man habe der polnischen Anarchie, die eine Gefahr auch für die

Die erste Teilung Polens, 1772. Satirisches Flugblatt, von links:
Katharina II., König Stanisław, seine fallende Krone festhaltend,
Joseph II., Friedrich II.

Nachbarn sei, entgegenwirken müssen. Ein Reichstag (im Sinne einer
Konföderation) wurde veranlaßt, den Gewaltakt nachträglich zu ratifizie-
ren. Rußland nahm sich die weißrussischen Gebiete östlich der Düna und
des Dnjepr. Preußen sicherte sich das erwähnte Verbindungsstück (West-
preußen) ohne Thorn und Danzig. Österreich annektierte Galizien bis
zur Weichsel.

Diese nationale Erniedrigung gab jenen Polen Auftrieb, die durch Reformen ihr Land erneuern wollten. Der Geist der Aufklärung ging nun

auch in Polen um. Abgeordnete des Sejm machten sich über die Menschen- und Bürgerrechte Gedanken. Die Reformbewegung mündete ein in die berühmte «Verfassung des 3. Mai» 1791, die patriotische Mandatsträger an diesem Tag proklamierten und die in Polen bis heute als Beispiel für eine nationale Wiedergeburt gefeiert wird. Polen sollte eine Erbmonarchie werden, wobei der Thron, nach Poniatowskis Tod, dem Haus Sachsen zukäme. Konföderationen und das liberum veto wurden abgeschafft. Einige Schranken fielen innerhalb der Gesellschaft; so öffnete sich das Parlament dem Bürgertum, das mittlerweile an Einfluß gewonnen hatte. Das Reformwerk hatte allerdings einen Schönheitsfehler: Zwei Drittel der Abgeordneten waren gegen diese Veränderungen und blieben der Abstimmung fern. Katharina war durch die *niederträchtige Verletzung unserer Freundschaft* (Brief an Potjomkin) alarmiert, sah sie doch die russische Vormundschaft zerbröckeln. Beinahe schlimmer noch:

Der Bazillus der verhaßten Französischen Revolution hatte auf den Nachbarn Rußlands übergegriffen, die *jacobinière* in Warschau arbeitete mit der in Paris Hand in Hand. (Brief an Grimm.) Auf jeden Fall müßten Polen durch die Reformen neue Kräfte zuwachsen. Das lag nicht im Interesse Rußlands. Es galt, die Unzufriedenen zu ermuntern, die um ihre Privilegien bangten. Tatsächlich bildeten konservative Magnaten in Targowica eine Konföderation und ersuchten Katharina II. um Hilfe bei der Wiederherstellung ihrer Rechte. (Der «Hilferuf von Targowica» ist als Musterbeispiel für Verrat in die polnische Geschichte eingegangen.) Gestützt auf diesen Appell, unter dem Vorwand, die Änderung des politischen Systems in Warschau sei entgegen bestehenden Abmachungen ohne Einverständnis der Nachbarstaaten zustande gekommen, rückten russische Truppen wiederum in Polen ein (Mai 1792). König Stanisław II. August ließ schnell die Waffen strecken und schloß sich, so wie die Kaiserin es ihm befahl, der Konföderation von Targowica an. Die «Verfassung des 3. Mai» wurde annulliert. Preußen befürchtete, daß nun ganz Polen unter russische Herrschaft geriet, und schickte ebenfalls Soldaten. Am 23. Januar 1793 war die zweite polnische Teilung perfekt, an der sich Österreich nicht beteiligte. Rußland besetzte den größten Teil Weißrußlands und der Ukraine. Preußen okkupierte «Großpolen» mit Posen und Gnesen sowie Danzig und Thorn. Die Republik war nun so verstümmelt, daß ein staatliches Eigenleben kaum möglich schien. Wieder wurde die Zustimmung durch einen Reichstag erzwungen.

Die Ehre Polens, sagen polnische Historiker, wurde durch den Aufstand des Generals Kościuszko im Frühjahr 1794 gerettet, obgleich der Untergang der Rzeczpospolita dadurch beschleunigt wurde. Zum erstenmal zeigten sich auch Bauern an der nationalen Sache interessiert und nahmen an den Kämpfen gegen die Okkupanten teil, denn Kościuszko versprach ihnen die Freiheit. Russisches und preußisches Militär ging gegen die Aufständischen vor. Katharina schickte General Suworow, ihren besten Heerführer. Die Warschauer wurden aus der Ferne Zeugen, wie die Kosaken in Praga, am gegenüberliegenden Weichselufer, die Einwohner niedermetzelten. Am Tag darauf kapitulierte die Hauptstadt (5. November 1794). Durch die dritte Teilung im Oktober 1795, an der Österreich wieder partizipierte, wurde Polen als Staat nach seiner achthundertjährigen Geschichte getilgt. An diesem vorläufigen Ende hatte Katharina II. maßgeblichen Anteil. Geschichtsbewußte Polen tragen ihr dies bis heute nach.[130]

Drang nach Süden

Drei außenpolitische Ziele standen den Zaren vor Augen, seit Rußland im 17. Jahrhundert aus der Isolierung trat und europäische Politik mitbestimmte. Den Zugang zur Ostsee hatte Peter der Große schließlich freigekämpft. Katharina II. konnte sich rühmen, die beiden anderen Aufgaben gelöst zu haben: die Vereinigung der orthodoxen Brüder, die unter polnischer Herrschaft lebten, mit ihren russischen Glaubensgenossen und eine Grenzziehung im Süden, die den russischen Handels- und Sicherheitsinteressen entsprach. Denn mit dem Vorstoß zum Schwarzen Meer wurde auch die tatarisch-türkische Gefahr beseitigt. Allerdings handelte die Zarin nicht nach einem festumrissenen Plan, wenn es galt, die Macht Rußlands zu stärken. Sie agierte nach den Erfordernissen einer gegebenen Situation, die sie schnell und entschlossen zu nutzen verstand; so gesehen folgte sie Peter I., ihrem großen Vorbild. Das zeigte sich, als St. Petersburg in einer außenpolitisch ungünstigen Situation die Kriegserklärung der Türkei entgegennahm.

Auf ihrer Jagd nach natürlichen Grenzen im Süden waren die Russen bislang wenig erfolgreich. Türken und Krim-Tataren, Vasallen des Osmanischen Reiches, hielten sich an den nördlichen Küsten des Schwarzen Meeres, das russischen Schiffen verschlossen blieb. Katharinas Einmischung in Polen rief die Türken auf den Plan. Von Frankreich ließ sich Konstantinopel in der Überzeugung bestärken, durch die russische Herrschaft in Polen werde auch die türkische Position gefährdet. (Polen und Türken waren Nachbarn.) Andererseits sah die Türkei einen günstigen Zeitpunkt, den russischen Drang nach Süden zu stoppen, der wiederholt zu kriegerischen Auseinandersetzungen geführt hatte, denn Truppen der Zarin waren in der Rzeczpospolita gebunden. Es kam zu Zwischenfällen an der Grenze. Kosaken verfolgten die Konföderierten von Bar auf tatarisch-türkisches Gebiet, brannten die Ortschaft Balta nieder, töteten unbeteiligte Einwohner. Sultan Mustafa III. brach die Beziehungen zu Rußland ab (25. September 1768). Im Frühjahr 1769 verheerten die Krim-Tataren das russische Grenzland und verschleppten Tausende in die Gefangenschaft; es war der letzte Tatareneinfall in der russischen Geschichte.[131]

Die Kaiserin, die sich auf ihrem Thron noch keineswegs ganz sicher

L'ENJAMBÉE IMPERIALE .

Constantinople

Russie

Der imperiale Sprung. Ausländischen Karikaturisten bieten Katharinas Lebenswandel und Politik immer neuen Stoff

fühlen konnte, war über den unerwarteten Kriegszustand bestürzt. Als Großfürstin hatte Katharina über Krieg und Frieden so meditiert: *Dieses weite Reich hat den Frieden nötig; wir brauchen eine zahlreiche Bevölkerung, nicht Verwüstungen... und was die äußeren Beziehungen betrifft, so gibt uns der Frieden das Gleichgewicht in die Hand, viel mehr als die Zufälle eines immer verderblichen Krieges.*[132] Doch Katharina II. faßte sich sehr schnell und reagierte ernergisch und kampflustig: *Gott weiß, daß nicht ich angefangen habe. Nicht zum erstenmal schickt sich Rußland an, seine Feinde niederzuwerfen* (an Feldmarschall Peter Saltykow). *Ich finde, daß man mit einem Friedenstraktat eine Last abschüttelt, welche die Einbildungskraft lähmt; da gilt es, tausenderlei Rücksichten zu nehmen... den Türken den Mund zu stopfen. Jetzt fühle ich mich wohl; ich darf tun, was ich kann, und, Sie wissen, Rußland kann viel, und Katharina II. baut wohl dazwischen Luftschlösser, jetzt gibt es nichts mehr, was ihre Bewegungen hemmt, und jetzt hat man die Katze, welche schlief, aufgeweckt, jetzt wird die Katze die Mäuse jagen...* (an den Grafen Iwan Tschernyschow).[133]

100

Für Rußland waren die Feldzüge gegen die Türken auch Glaubenskriege zur Befreiung der Christen, die unter dem Joch der Muslime leiden mußten. Die öffentliche Meinung Europas unterstützte diesen Kreuzzugsgedanken. Der russische «imperiale Sprung» in Richtung Konstantinopel fand allerdings kaum Beifall (vgl. die Karikatur S. 100). Immerhin hatte ein Voltaire gegen den Marsch zum Bosporus nichts einzuwenden. Der Alte von Ferney hatte Katharina II. schon wegen ihrer reformerischen Absichten überschwenglich gelobt und auch Verständnis für das russische Eingreifen in Polen zugunsten der Dissidenten gezeigt. Einerseits, meinte Voltaire, zwinge Katharina die Polen, tolerant zu sein, andererseits habe sie es nun «trotz Mohammed», dem der Franzose böse Absichten nicht nachsagen wollte, mit den Anhängern des Propheten zu tun: «Diese Barbaren verdienen nichts anderes, als von einer Heldin bestraft zu werden, wegen der geringen Hochachtung, die sie Damen gegenüber zeigen... ernsthaft – sollten die Türken je aus Europa vertrieben

Aufklärung im Kampf gegen die Pocken. Oben: die verheerenden Folgen der Krankheit. Unten: die segensreichen Wirkungen der Impfung

werden, dann wird es, denke ich, durch die Russen geschehen.» (Brief an Katharina vom 15. November 1768.) Und bewundernd registrierte Voltaire die «Seelenruhe jenes großen Mannes, den man Katharina nennt... Sie läßt ihre Truppen ebenso kaltblütig marschieren, wie sie sich inokulieren [impfen] läßt.» (Brief an den Grafen Alexander Woronzow.) [134]

Während sich die Zarin und ihre Generale auf den Feldzug gegen die Türken vorbereiteten, widmete sich Katharina auch einer friedlichen Kampagne, die ihr zur Ehre gereichte: dem Kampf gegen die Pocken. Seit ihrer Kindheit lebte die Kaiserin in ständiger Angst vor dieser ansteckenden Krankheit; immer wieder mußte sie die Flucht ergreifen, wenn die Blattern in ihrer Nähe grassierten. Katharina beschloß, diesen *erbärmlichen* Zustand zu beenden und sich und ihren Sohn Paul, den Thronfolger, einer Pockenimpfung zu unterziehen, von der im Westen neuerdings die Rede war, die viele aber für sehr gefährlich hielten. Sie ließ den Arzt Thomas Dimsdale, einen Spezialisten, aus England kommen, der sie am 12. Oktober 1768 impfte. Es gab keinerlei Komplikationen. Der Senat dankte der Zarin für ihre «großmütige, ruhmwürdige und beispiellose Tat», und Katharina II. lobte sich in einer Ansprache: *Mein Ziel war es, durch mein Beispiel viele treue Untertanen vor dem Tod zu retten... Damit habe ich einen Teil meiner Standespflicht erfüllt, denn nach dem Wort des Evangeliums gibt der Hirt das Leben für seine Schafe.* [135] Seither wurde die Pockenimpfung auch in Rußland allgemein praktiziert.

Der *ungerechte Krieg,* den die Türkei vom Zaun gebrochen hatte, bescherte den Russen glänzende militärische Erfolge. Katharina erinnerte ihre Generale an *die alten Römer, die nicht fragten, wie stark der Feind ist, sondern nur, wo man ihn findet* (Brief an Peter Rumjanzow, den Oberbefehlshaber). So wurde die türkische Übermacht im Sommer 1770 entscheidend geschlagen und vom Dnjestr bis zur Donau zurückgedrängt. Rumjanzow überschritt die Donau und erhielt dafür den ehrenvollen Beinamen *Sadunajskij* (derjenige, der jenseits der Donau war).

Zur gleichen Zeit war auch die russische Flotte aktiv, die Katharina von Kronstadt aus ins Mittelmeer entsandt hatte. Zweck des Unternehmens war es, die Griechen zum allgemeinen Aufstand gegen die Türken zu ermuntern und den Aufständischen zu helfen. Einheitliche Aktionen kamen jedoch nicht zustande, und die russischen Truppen, die auf dem Peloponnes gelandet waren, wurden wieder eingeschifft. Alexej Orlow, dem Katharina die Leitung der Griechenland-Expedition übertragen hatte, befahl daraufhin, die türkische Flotte anzugreifen. Die Russen – und die englischen Seeoffiziere im Dienst der Zarin – siegten bei der Insel Chios und verbrannten zwei Tage danach die türkische Flotte, die in der Bucht von Tschesme an der gegenüberliegenden kleinasiatischen Küste Zuflucht gesucht hatte (24.–26. Juni 1770). Katharina war höchst zufrieden.

Zur Erinnerung an den Sieg von Tschesme ließ sie bei St. Petersburg ein Palais und eine Kirche errichten und gab Alexej Orlow den Beinamen *Tschesmenskij.*

Auch andernorts erregten die russischen Erfolge wohlwollendes Interesse. Goethe bemerkte rückschauend, der Sieg über «diese Unchristen», die brennende Flotte im Hafen von Tschesme habe in der gebildeten Welt ein allgemeines Freudenfest verursacht.[136]

Im Frieden von Kutschuk-Kainardschi[137], der am 10. Juli 1774 zustande kam, sicherte sich Rußland einen Zugang zum Schwarzen Meer: Kertsch auf der Halbinsel Krim und einen Landstreifen zwischen Dnjepr und Südlichem Bug. Russische Handelsschiffe durften nun das Schwarze Meer befahren und die Meerengen (Bosporus und Dardanellen) passieren. Das Khanat der Krim-Tataren, darauf hatte St. Petersburg bestanden, wurde von der Türkei losgelöst, nach bekannten Mustern (Kurland, Polen) von Rußland abhängig gemacht und schließlich mit Hilfe einer «russischen Partei» annektiert (Sommer 1783). *Aus jedem seiner Kriege ist Rußland blühender als zuvor hervorgegangen. Tatsächlich haben diese Kriege die Industrie in Schwung gebracht; jeder Krieg war bei uns der Vater irgendeiner neuen Hilfsquelle, die Handel und Verkehr belebte,* schrieb Katharina an Voltaire.[138] Für die Epoche, von der in diesem Buch die Rede ist, traf diese Feststellung zu. Doch für die ungezählten Opfer der Gemetzel fand die streitbare Frau auf dem Zarenthron kaum ein mitfühlendes Wort.

Katharina gab *Neurußland* (*Noworossija*), so wurden die südlichen Territorien genannt, in die Hand eines Mannes, der im Westen zu Unrecht nur als ein ehrgeiziger Verschwender gilt, der seine ehemalige Geliebte, die Kaiserin, zudem durch Vorspiegelung falscher Tatsachen täuschte: Grigorij Alexandrowitsch Potjomkin, *Durchlauchtigster (swjetlejschij) Taurischer Fürst*[139], war auch ein talentierter Staatsmann, der sich um die wirtschaftliche Entwicklung und internationale Position Rußlands verdient gemacht hat. Durch seine Liaison mit der zehn Jahre älteren Zarin stieg der Kammerherr und Offizier, der sich schon im Türkenkrieg bewährt hatte, innerhalb weniger Jahre zum mächtigsten Mann im Land auf. Er wurde gegen Pugatschow eingesetzt. Anschließend liquidierten Potjomkins Truppen die kosakische Freiheit am Dnjepr (1775)[140], damit sich die Ereignisse vom Ja'ik dort nicht wiederholten. Der Generalgouverneur Neurußlands sorgte für die Besiedlung der fruchtbaren, menschenleeren Steppe durch Kronbauern aus dem Landesinnern und durch Leibeigene jener Würdenträger, die Katharina mit den neuen Ländereien beschenkte. Auch Sträflinge waren willkommen. Potjomkin selbst avancierte zum größten Großgrundbesitzer Rußlands. Ausländische Kolonisten wurden ins Land gerufen: Griechen, Deutsche[141], Armenier. Ihnen räumte Katharina Vergünstigungen ein; sie brauchten keine Steuern zu zahlen und waren vom Militärdienst befreit. Bald gab die fette Schwarzerde reiche Getreideernten her. Den Traubenwein, den die Tataren schätzten, verachtete auch Potjomkin nicht: er ließ neue Weingärten anlegen, kümmerte sich um den Obstanbau, ja sogar um Seidenraupenzucht oder Salzgewinnung. Städte wurden gegründet, mit Werften und Häfen für die entstehende Schwarzmeerflotte (Cherson, Sewastopol). Potjomkin plante ein pompöses Verwaltungs- und Kulturzentrum, das er «Katharinas Ruhm» nannte (Jekaterinoslaw, heute Dnjepropetrowsk). Bei derart weitgestreuten Initiativen verwunderte es nicht, daß viele Projekte im Ansatz steckenblieben, zumal Potjomkins Unternehmungen die Ressourcen des Staates stark beanspruchten.

Die Reise in den Süden, die Katharina II. 1787, im Jahr ihres 25. Thronjubiläums, unternahm, war eine politische Demonstration. Die Kaiserin wollte der Welt zeigen, welche Kräfte in Rußland steckten, über welche Machtmittel das Zarenreich verfügte. Deshalb lud sie die Gesandten Englands, Frankreichs und Österreichs ein, an der Besichtigungsfahrt teilzunehmen, und schlug Joseph II., dem römisch-deutschen Kaiser in Wien, ein Treffen auf neurussischem Boden vor.

In Kiew lagen sieben Luxusgaleeren und zahllose Begleitboote bereit, die Reisenden samt Katharinas umfänglicher Hofhaltung den Dnjepr abwärts zu befördern. Auf den seit einigen Jahren geplanten kaiserlichen

Reiseschlitten der Kaiserin. Die Route wird nachts durch Holzfeuer beleuchtet

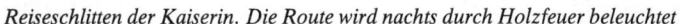

*Katharina II. in Reisekleidung. Gemälde von Michail Schibanow
zum 25. Thronjubiläum der Zarin, 1787*

Besuch hatte sich Potjomkin bestens vorbereitet. Die Siedlungen an den
Ufern des Flusses waren – vom Bord der Schiffe aus – höchst respektabel
anzusehen: geschmückte Häuser mit neuen soliden Fassaden, winkende
gut gekleidete Menschen, keine Spur von Resignation oder Verfall, denen man gerade in Kiew begegnet war. Die «gezähmten» Kosaken führten Reiterspiele vor; Soldaten paradierten in neuen Uniformen. Am fol-

genden Tag die gleichen Bilder. Das war die erste Begegnung mit den «Potjomkinschen Dörfern»[142]. Ärmliche, verwahrloste Häuser und Bauernhütten hatte der Statthalter durch bemalte Holzkulissen verdeckt; Jubelbauern und Soldaten wurden über Nacht an den nächsten Ort ihres «Einsatzes» verlegt. Die Zarin zeigte sich beeindruckt, obgleich sie die Täuschung sicherlich durchschaute.

Während der Reise vernachlässigte Katharina die Staatsgeschäfte nicht. Ein Handelsvertrag mit Frankreich kam zustande, um den sich der Versailler Gesandte de Ségur bemüht hatte. (Das westliche Rußland-Geschäft war englisches Monopol.) Der König von Polen hielt es für angebracht, die russischen politischen Touristen an der Grenze seines Landes zu begrüßen. Die Kaiserin dinierte mit Stanisław II. August auf ihrem Dnjeprschiff. Fast 30 Jahre waren vergangen, seit Katharina ihren ehemaligen Geliebten zuletzt sah, den sie, zu Poniatowskis großem Kummer, allzu schnell abgeschüttelt hatte. («Man liebt nicht zweimal im Leben so, wie ich Dich liebe», schrieb der enttäuschte Graf damals seiner «Sophie».[143]) Es war, auch angesichts der russisch-polnischen Spannungen, ein kühles Wiedersehen. Den Besucher aus Wien nannte die Zarin dagegen ihren *besten Freund*[144], denn Österreich und Rußland verband die Feindschaft gegen die Türkei. Gemeinsam besichtigten der Kaiser und die Kaiserin die Baustelle Jekaterinoslaw und dann Cherson. Über diese Stadt nahe der Dnjepr-Mündung äußerte sich Katharina begeistert: *Cherson war vor acht Jahren noch nicht, und heute kann es als eine der schönsten Städte des Reiches gelten... Die Anstrengungen des Fürsten Potjomkin haben diese Gegend in ein blühendes Land verwandelt.*[145] Joseph II. war von der Geringschätzung menschlichen Lebens, der Arbeitssklaven, die Katharina und Potjomkin rücksichtslos ausbeuteten, tief betroffen (s. die Zeugnisse). Er stimmte mit Ségur darin überein, daß den Reisenden viele «Illusionen» vorgeführt wurden. Der französische Diplomat, dessen Regierung in der orientalischen Frage die Türkei unterstützte, sagte im vertraulichen Gespräch mit dem Kaiser: «Hier hat alles mehr äußeren Glanz als wirklichen Wert. Der Fürst Potjomkin gibt regelmäßig wieder auf, was er mit Eifer begonnen. Keines seiner Projekte ist ausgereift... Für die Gründung dieser neuen Katharinenstadt [Jekaterinoslaw] hat er einen Berg gewählt, von dem man eine schöne Aussicht genießt, wo es aber kein Wasser gibt. Cherson, schlecht placiert, hat 20 000 Menschenleben gekostet. Diese Stadt ist von pestbringenden Sümpfen umgeben. Befrachtete Schiffe können in ihren Hafen gar nicht einfahren... Einzig Sewastopol ist schon imposant... Wenn Katharina wieder abgereist ist, wird all diese Herrlichkeit, die Ausschmückung, die Verschönerungen, verschwinden. Potjomkins Theatercoup ist dann zu Ende, und er wird sich mit anderen Szenerien befassen, sei es in Polen oder in der Türkei...»[146]

Ein Besuch der Krim schloß sich an. Die Kaiserin residierte einige Tage

Grigorij Potjomkin

im ehemaligen Khanspalast zu Bachtschisarai (Ende Mai 1787). Sie war nicht nur von der märchenhaften südlichen Landschaft und Vegetation überwältigt. Die Zarin des russischen Imperiums genoß vor allem den geschichtlichen Triumph, der darin bestand, daß sie nun den Platz jener einnahm, unter deren Raubzügen die Russen immer wieder, noch in der jüngsten Vergangenheit, gelitten hatten. Für die religiöse Inbrunst ihrer neuen muslimischen Untertanen zeigte die christliche Herrscherin wenig Verständnis: *In Bachtschisarai war vor meinem Fenster eine Moschee...*

Südküste der Krim

Ich weiß nicht, ob der Himmel taub ist gegenüber ihren Gebeten, aber ich weiß, daß man weit weglaufen möchte, um dem Lärm, den sie in den Moscheen machen, zu entgehen. Es gehört schon viel Übung dazu, ein Geheul von solcher Stärke zu ertragen...[147] Im neuen Kriegshafen Sewastopol wurde Katharina mit einem Salut der Schwarzmeerflotte begrüßt, und für die Heimreise der illusteren Gesellschaft ließ sich Potjomkin noch ein besonderes militärisches Schauspiel einfallen: Er geleitete die Zarin nach Poltawa und inszenierte, historisch genau, jene berühmte Schlacht, in der Peter I. 1709 die Schweden schlug; damals wurde Rußland eine Großmacht.

«Die Kaiserin vergeht vor Lust, mit den Türken einen Krieg anzufangen», hatte Joseph II. aus Sewastopol berichtet.[148] Die Türken mußten der gleichen Ansicht sein. Mit ihrer Inspektionsreise untermauerte Katharina diesen allgemeinen Eindruck. Durch den forcierten Aufbau der russischen Schwarzmeerflotte war Konstantinopel unmittelbar bedroht; in weniger als 48 Stunden konnten feindliche Schiffe nun die Hauptstadt am Bosporus erreichen. Stambul nahm die Herausforderung an. Die Türkei verlangte, daß Rußland die Annexion der Krim rückgängig machte (August 1787) und eröffnete die Feindseligkeiten. Dank Suworows Feldherrnkunst verlief auch der zweite türkische Krieg, den Katharina II. führte, für Rußland erfolgreich. Im Frieden von Jassy (29. Dezember 1791) erklärte sich die Türkei mit dem Anschluß der Krim an das Zarenreich einverstanden und trat das Gebiet zwischen dem Südlichen Bug und dem Dnjestr an Rußland ab. Dort gründete Katharina 1794 als Tor zum südlichen Meer die Hafen- und Handelsstadt Odessa, wo Menschen vieler Nationalitäten ihre Heimat fanden. Nun konnte der Weizen aus der ukrainischen, neurussischen Kornkammer, dem Gebiet der fruchtbaren Schwarzen Erde, auf schnellstem Weg nach Westeuropa verschifft werden.

Ein russischer Traum ging in Erfüllung: Das nördliche Ufer des eisfreien Schwarzen Meeres, dem schon der junge Zar Peter I. zustrebte, war jetzt gewonnen, die natürliche Grenze im Süden erreicht und gesichert. Die handelspolitischen Interessen spielten in den Kriegen mit der Türkei eine überragende Rolle. Das Recht der freien Handelsschiffahrt aus dem Schwarzen Meer durch Bosporus und Dardanellen in das Mittelmeer und zurück, das Katharina II. erkämpfte, ließ sich Rußland von nun an nicht mehr streitig machen. Es blieb eine Voraussetzung für die gedeihliche wirtschaftliche Entwicklung des ganzen Landes. Das Privileg, *Europa von dem Feind der Christenheit zu befreien und die Türken aus Konstantinopel zu jagen,* blieb der ehrgeizigen Zarin, wie ihren Nachfolgern, allerdings versagt.[149]

Die Feder führend

Kein Herrscher über das russische Reich hat sich so intensiv mit den zeitgenössischen geistigen Strömungen befaßt wie Katharina II. Kein russischer Herrscher hinterließ so viele schriftliche Zeugnisse, wie die Deutsche auf dem Zarenthron. Dabei hat sie das Wort stets für ihre propagandistischen Zwecke eingespannt und versucht, die Literatur ihres Landes zu gängeln oder zu zähmen. Die scheinbar aufgeklärte Kaiserin erniedrigte sich zur obersten Zensurbeamtin ihres Imperiums.

Mit dem *Nakas,* über dessen Fehlschlag wir berichtet haben, war Katharinas mutiger Kampf gegen die Mißstände der russischen Gesellschaft schon beendet. In ihrem Bemühen, die Öffentlichkeit zu belehren und zu erziehen, suchte die Zarin nun nach neuen Wegen. Sie gründete 1769 ein Monatsblatt, das sie *Wsjakaja Wsjatschina (Allerlei* oder *Von jedem etwas)* nannte. Das war der Beginn des russischen Zeitschriftenwesens. Als Herausgeberin trat die Kaiserin nicht in Erscheinung, dennoch wußte jedermann, daß sie das Journal lenkte und die anonymen Beiträge schrieb. *Lächelnd* plauderte die gekrönte Journalistin über *menschliche Schwächen* und *Menschenliebe,* blieb dabei an der Oberfläche des russischen Lebens und umging leichthin die brennenden sozialen Probleme. Diese *nachsichtig*-opportunistische Haltung forderte den heftigen Widerspruch anderer Zeitschriften heraus, die in St. Petersburg entstanden. Deren Autoren verspotteten die namenlose Artikelschreiberin, deren Identität sie ja nicht zu kennen brauchten, und setzten der sanften kaiserlichen Ironie ihre bissige Gesellschaftssatire entgegen. Die Polemik zwischen Nowikows «Trutenj» (Die Drohne) und Katharinas *Wsjakaja Wsjatschina,* die sich auf diese Weise entwickelte, ist in die russische Literaturgeschichte eingegangen.

Als Protokollführer hatte Nikolaj Iwanowitsch Nowikow, der 1744 als Sohn eines Gutsbesitzers geboren wurde, die Debatten der *Gesetzgebenden Kommission* miterlebt und war dadurch über die schlimmsten Auswüchse des Systems informiert. Diese Kenntnisse verwertete er in seinen gesellschaftskritischen Satiren. Der Landadel war empört. Katharina reagierte gereizt; ihre Eitelkeit war durch Nowikows Sticheleien verletzt. Sie warf, stets anonym, dem Verfasser vor, er male zu schwarz und verfälsche menschliche Unzulänglichkeiten zu Übelständen der Gesellschaftsord-

Nowikow

nung. (Wir kennen diese Argumentation aus neueren russischen Polemiken, bei denen es um die Einordnung Stalins in das kommunistische
System geht.) Bei diesem Streit, der vor einem großen Leserkreis ausge-
tragen wurde, geriet *Wsjakaja Wsjatschina* ständig in die Defensive.
Nowikow blieb dabei, daß angesichts der russischen Zustände schonungs-
lose Kritik notwendig sei; er hatte nicht nur Argumente, die überzeugten,
sondern auch die bessere Feder. Der satirische Schlagabtausch dauerte
etwa ein Jahr. Dann stellte «Die Drohne» ihr Erscheinen ein. Entgegen
dem Willen des Herausgebers, wie Nowikow seinen Lesern vielsagend
mitteilte. Schlimmere Zusammenstöße mit der Obrigkeit sollten folgen,
denn unabhängige Persönlichkeiten des öffentlichen Lebens, wie Nowikow, waren der Kaiserin suspekt. Von einer freien Presse oder Literatur
konnte in Rußland selbst zu Katharinas toleranten Zeiten nicht gesprochen werden. Noch ehe die Zarin ihre *Instruktion* entwarf, verbot sie,

St. Petersburg, 1794

zum Beispiel, den Verkauf solcher Bücher, die *gegen das Gesetz, gegen die gute Sitte, gegen die Kaiserin und die russische Nation* gerichtet seien. Unter den inkriminierten Werken war der «Émile», Rousseaus Lehrbuch der Erziehung.

Die absolute Monarchin glaubte sich dazu verpflichtet, ihr Land auch auf kulturellem Gebiet anzuführen. Die massive Bedrohung ihrer Selbstherrschaft durch die Pugatschowschtschina bewirkte, daß Katharina II. das geistige Leben ihres Landes noch schärfer überwachte. Ein bevorzugtes Ziel des kaiserlichen Mißtrauens war die Freimaurerbewegung, die sich in Rußland seit den dreißiger Jahren des 18. Jahrhunderts schnell ausgebreitet hatte. Toleranz und Brüderlichkeit, tätige Nächstenliebe und das Streben nach Wahrheit – die Prinzipien der Freimaurer hatten ja die westeuropäische Aufklärung befruchtet. Zu diesen Grundsätzen bekannte sich Katharina nach wie vor. Die Autokratin beargwöhnte aller-

dings die mystischen, nebelhaften Begleiterscheinungen der Bewegung, die rätselhafte Symbolik, mit der sich die Logen umgaben. (Späteren Diktatoren erging es nicht anders.) Entscheidend war jedoch, daß Katharina mit einer gesellschaftlichen Erscheinung konfrontiert wurde, die sich ihrem Willen und ihrer Aufsicht entzog.

Als Verfasserin von Boulevardkomödien (*O Zeit!; Der Namenstag der Frau Griesgram; Frau Klatschmaul und ihre Familie*) hatte sich die schreiblustige Zarin mittlerweile einen Namen gemacht. Die Stücke gehörten der *lächelnden* Schaffensperiode an; das Sklavendasein der Leibeigenen wurde verharmlost. Der Aufstand Pugatschows enthüllte das Ausmaß der Unzufriedenheit. Katharina erkannte nun, daß sie gegen einen beträchtlichen Teil des Volkes regierte, und mit den Jahren nahm ihre Gereiztheit zu. Den Schriftsteller Fonwisin rüffelte die Kaiserin wegen seines *losen Mundwerks*, weil er der Monarchin in einer Zeitschrift hintersinnig-polemische Fragen gestellt hatte (1783); ihre verhüllten Drohungen ließen den Kritiker des katharininschen Adelsregiments verstummen. Das Freimaurertum, Intellektuelle wie Nowikow oder Radischtschew waren geeignet, die kaiserlichen Aggressionen auf sich zu lenken. Stender-Petersen schreibt: «Jetzt konnte keine Rede mehr sein von lächelnder und liebenswürdiger Ironie… Die Herrscherin nahm einen geradezu drohenden Ton an, als sie in ihrer neuen Komödien-Trilogie – *Der Betrüger; Der Verführte; Sibirischer Schaman* – ihre scharfe Feder gegen den Mystizismus der Zeit richtete. In ihren Augen gab es (wie auch aus dem Briefwechsel mit Grimm hervorgeht) keinen wesentlichen Unterschied zwischen Freimaurern, Theosophen, religiösen Schwärmern, Abenteurern und Schwindlern. Die Motive, die sie in ihren Komödien behandelte, waren Cagliostros berühmte Taschenspielerkünste[150], die Geheimniskrämerei der Martinisten, der Goldmacherschwindel der Alchimisten. Sie schloß aber bewußt die Augen vor der Tatsache, daß der Mystizismus und die Freimaurerbewegung nicht nur diese sichtbare lächerliche Außenseite hatten, sondern auch eine bedeutende und anerkennenswerte sozial-philanthropische Initiative hervorriefen. Ihre Komödien waren gegen die besten, gebildetsten und redlichsten Männer ihrer Zeit gerichtet… Die Kaiserin, die Prophetin der Aufklärung, erntete Beifall bei den Dunkelmännern ihrer Zeit, bei der Masse des unaufgeklärten Adels.»[151]

Nikolaj I. Nowikow war nach Moskau übergesiedelt und betätigte sich auf vielen Gebieten, als Verleger und Publizist, im Buchhandel und im Erziehungswesen. Im Hungerjahr 1787 organisierte Nowikows «Gesellschaft der gelehrten Freunde» Hilfsaktionen für die Bauern. In Moskau eröffnete der Philanthrop eine Apotheke, in der die Armen unentgeltlich Medikamente erhielten. Wohlhabende Gesinnungsfreunde standen Nowikow, der Freimaurer geworden war, zur Seite. Solche privaten Initiativen mußten einer Selbstherrscherin mißfallen, für die der Staat, das heißt sie allein, jeden Lebensbereich reglementierte. Die Kaiserin machte geltend, durch ihre Gesetzgebung sei für das geistige und körperliche Wohl ihrer Untertanen bestens gesorgt. Nowikow war keineswegs dieser Meinung; er hatte, auch in politischer Hinsicht, wenig Vertrauen zu diesem Staat, und er sprach es offen aus. Katharina ließ die Dissidenten überwachen – Parallelen zu künftigen Entwicklungen können wieder einmal gezogen werden – und ordnete an, daß in den Büchern, die Nowikow verlegt hatte, nach *religiösen Irrlehren* und *unsinnigen Neuerungen* zu fahnden sei. Immerhin hatte der Freundeskreis etwa tausend Titel herausgegeben, die im ganzen Land, auch in den Dörfern, angeboten wurden. Es versteht sich, daß Staatskirche und Staatsgewalt nach den Maßstäben, die die Zarin anlegte, fündig wurden. Mehr als 16 000 Bücher mit «verderblichem» Inhalt wurden beschlagnahmt und verbrannt (1786). Doch erst unter dem Schock der Französischen Revolution, die Katharina *verabscheute,*

Die absolute Monarchin überwacht auch das geistige Leben.
Gemälde von Virgilius Eriksen

wurde Nowikow im April 1792 verhaftet. Umstürzlerische Absichten konnte ihm niemand nachweisen. Doch wer weiß, meinten die Untersuchungsbeamten, vielleicht war der Menschenfreund ein geheimer Revo-

Radischtschew

lutionär, der Freimaurer-Orden, zu dem er sich bekannte, ein getarnter Jakobinerklub. Katharina wetterte gegen diese *betrügerische Sekte,* deren Mitglieder geheime Zusammenkünfte veranstalteten, *schreckliche* Eide leisteten, sich bei ausländischen Gesinnungsgenossen insgeheim über die eigene Regierung beklagten usw. Nowikow sei als *schädlicher Staatsverbrecher* einzustufen, denn seine Freunde und er hätten ihre *Untertanentreue verletzt*; der Beschuldigte habe die schwerste Strafe verdient: *Wir jedoch folgen auch in diesem Fall Unserer angeboren Menschenliebe, befreien ihn davon, lassen ihm Zeit, für seine Übeltaten Reue zu üben und befehlen, ihn für fünfzehn Jahre in die Festung Schlüsselburg einzusperren...*[152] Ohne ein Gerichtsverfahren war Nowikow viereinhalb Jahre in Schlüsselburg eingekerkert. Nach dem Tod Katharinas II. wurden die zahlreichen politischen Gefangenen der Zarin freigelassen.

Zwei Jahre zuvor war es zu einem ähnlichen Gewaltakt gekommen: Alexander Nikolajewitsch Radischtschew, geboren 1749, stammte aus einer vornehmen Adelsfamilie im Gouvernement Saratow. Sein Vater, der Gutsherr, behandelte seine Bauern korrekt, die ihn, zum Dank dafür, während der Pugatschowschtschina schützten. Alexander durfte im Petersburger Pagenkorps Dienst tun und wurde als Siebzehnjähriger mit anderen jungen Adeligen zum Studium der Rechtwissenschaften an die Universität Leipzig geschickt. Dort blieb er fünf Jahre und befaßte sich intensiv mit den Philosophen und Aufklärern des Westens, auch mit radikalen Strömungen. Unter ihnen war Raynal, der die Sklaverei geißelte, und der Radischtschew später den Gedanken eingab, die «Reise von Petersburg nach Moskau» zu schreiben. 1771 kehrte Alexander aus Deutschland zurück. Da seine Familie nicht sehr begütert war, trat Radischtschew in den Staatsdienst und wurde nach einigen anderen Posten Leiter des Petersburger Zollamts. Er begann zu schreiben und verhehlte seine demokratischen Ansichten nicht. Der Kampf der amerikanischen Kolonien um ihre Unabhängigkeit von England wurde auch in der russischen Öffentlichkeit aufmerksam verfolgt. Katharina meinte, sie hätte sich mit dem Verlust so schöner und reicher Provinzen nie abgefunden. Radischtschew verfaßte eine flammende Ode an die «Freiheit» (Woljnostj), nachdem er Raynals «La Révolution en Amérique» gelesen hatte (1780). Doch eine Veröffentlichung wagte er noch nicht.

> «Ich blickte um mich – und meine Seele ward
> durch die Leiden der Menschheit verwundet.»

Unter diesem Motto erschien 1790 in St. Petersburg ein aufsehenerregendes Buch. Sein Titel lautete: «Reise von Petersburg nach Moskau»; ein Verfasser wurde nicht genannt. Es war die schärfste literarische Kritik an der Leibeigenschaft und an den Mißbräuchen der Selbstherrschaft, die bis dahin in Rußland laut wurde. Der Autor rüttelte an den Grundlagen des etablierten Systems. Er wurde auf Befehl der Kaiserin, die das Buch zornig zur Kenntnis nahm, schnell ermittelt. Es war Radischtschew. Er hatte das Werk in seiner eigenen Druckerei setzen lassen und im Selbstverlag herausgegeben.[153] Der zuständige Petersburger Polizeimeister erteilte, ohne das Manuskript der Reisebeschreibung pflichtgemäß zu lesen, die Druckerlaubnis.

25 Poststationen gab es am Weg in die alte Hauptstadt. In 25 Kapiteln, jedes nach einer Station benannt, schilderte Radischtschew russische Wirklichkeit: die Fronarbeit der hörigen Bauern, Mißhandlung von Leibeigenen, die unvorstellbare Armut des bäuerlichen Lebens, Zwangsehen leibeigener Paare, Vergewaltigung von Bauernmädchen durch ihre adeligen Herren. Selbst die unendliche Geduld der Muschiki war eines Tages erschöpft; sie erschlugen ihre Peiniger, den Gutsbesitzer und dessen Söhne. Radischtschew sprach die Mörder von jeder Schuld frei. Im Kapitel «Mednoje» beschrieb der Verfasser eine öffentliche Versteigerung von Leibeigenen, bei der eine Familie auseinander gerissen wurde. Ihr Besitzer war in finanziellen Schwierigkeiten. Sechs «Seelen» männlichen und weiblichen Geschlechts wurden zum Kauf angeboten. Sie konnten vorher

Der Gutsherr als Richter: Ein Leibeigener wird mit Ruten gezüchtigt. Der Dworjanin sieht mit seiner Familie zu

besichtigt werden. Der Leser erfuhr genau, um welche menschliche Ware der Handel ging: Da stand ein Greis, der einst als Soldat den Vater seines Herrn, der ihn jetzt abstieß, auf seinen Schultern aus der Kampflinie trug, als dieser verwundet wurde. Neben ihm seine achtzigjährige Frau, Amme und Wärterin der Kinder ihrer Herrschaft in zwei Generationen, die sich in ihren langen Dienstjahren nie etwas zuschulden hatte kommen lassen; eine Witwe mittleren Alters; deren achtzehnjährige Tochter, die Enkelin der alten Frau, vom Gutsherrn mißbraucht, mit einem Säugling im Arm; außerdem deren 25 Jahre alter Ehemann. Die ergreifende Schilderung dieser Veranstaltung, «unserer Schande», endete mit den beziehungsreichen Worten: «Die Freiheit darf man nicht von Ratschlägen der Großgrundbesitzer erwarten, sondern sie ergibt sich aus der Schwere der Versklavung selbst.»[154]

Für die sowjetische Geschichtsschreibung ist Radischtschew der erste russische Revolutionär aus dem Adelsstand. Tatsächlich attackierte er nicht nur die Leibeigenschaft, die Mißstände in Justiz und Verwaltung. Er erinnerte an den Aufstand Pugatschows: «Mit Tod und Feuer wird unsere Roheit und Unmenschlichkeit beantwortet werden.» Den Sturz der Adels- und Zarenherrschaft sah Radischtschew prophetisch für eine fer-

nere Zukunft voraus, so in der Ode «Freiheit», die der Verfasser nun in
sein Werk einbaute; dort erblickte er einen despotischen Zaren sogar auf
dem Schafott.

In der brisanten Reisebeschreibung gab es Passagen, die Katharina als
Spitzen gegen ihr persönliches Verhalten und das ihrer Favoriten auffas-
sen mußte. An solchen Stellen enthielt sich die Kaiserin der abschätzigen
Randbemerkungen, die sie bei der Lektüre spontan anbrachte. Der Autor sei bei der Ämtervergabe wohl zu kurz gekommen, meinte sie spöttisch, Neid und unbefriedigter Ehrgeiz hätten ihm die Feder geführt. Das
Buch verbreite die *französische Pest der Auflehnung gegen die Obrigkeit.*
Radischtschew sei schlimmer als Pugatschow. Einst hatte die Zarin in ihrem *Nakas* das *natürliche Recht* bemüht, das dem Monarchen befehle, für
das Wohlergehen aller seiner Untertanen zu sorgen. Jetzt, da Radischtschew von den angeborenen Menschenrechten sprach, ereiferte sich die
Kaiserin: *Das sind die Prinzipien, die Frankreich ins Verderben stürz-
ten.*[155] Die Lage der Leibeigenen werde übertrieben schwarz dargestellt,
denn unter einem guten Herrn gehe es den russischen Bauern immer noch
besser als anderswo.

So sehr hatte die Macht den Menschen Katharina verändert, daß sie die
Grundsätze der Toleranz und der Menschlichkeit vergaß, die sie ein Vierteljahrhundert zuvor postulierte. So groß war die Angst der Mächtigen
vor der Ansteckung des Volkes durch die *Seuche des französischen Irrwe-
ges,* daß die Kaiserin des russischen Reiches vor den Worten einiger weniger mutiger Publizisten erzitterte. Alexander Radischtschew, der Adelige, den die Zarin selbst dadurch ausgezeichnet hatte, daß er im Ausland
studieren durfte, war ein Renegat seiner Klasse. Um so schwerer wog in
Katharinas Augen sein Verbrechen.

Die Randbemerkungen der Kaiserin wurden den Richtern zugestellt, die
über Radischtschew zu befinden hatten, der in die Festung Peter und Paul
eingeliefert worden war. Der Angeklagte gab sich reuig; er sagte, es sei eine
Torheit gewesen, sich ein Urteil über die öffentlichen Dinge anzumaßen;
der Durst nach literarischem Ruhm habe ihn verleitet, ein so aufreizendes
Buch zu schreiben usw. (Später erinnerte er daran, auch ein Galilei habe
unter dem Druck strenger Richter vorübergehend abgeschworen.) Kon-
krete Umsturzpläne hatte Radischtschew nicht; der Menschenfreund
wollte lediglich seinen Lesern die Augen öffnen, damit sie erkannten, was
um sie herum geschah. Am 24. Juli 1790 wurde Radischtschew als Staatsverbrecher zum Tode verurteilt. Er habe, hieß es in der Begründung, mit
seinem Buch die öffentliche Ruhe gefährdet, die Ehrfurcht vor der Obrigkeit untergraben, das Volk gegen seine Vorgesetzten aufgehetzt und die
Würde und Macht der Kaiserin angegriffen. Die Zarin begnadigte ihn zu
zehnjähriger Verbannung in Ostsibirien. Einen Teil des Weges mußte er

Die Zarin mit «Monsieur Thomas», einem ständigen Begleiter

in Ketten zurücklegen. Zar Paul I., der Sohn und Nachfolger Katharinas II., erlaubte Radischtschew die Rückkehr.[156]

So lange sie lebte führte Katharina die eigene Feder und ließ nie ab von dem Versuch, fremde Federn nach ihrem Geschmack zu lenken. Komödien und ironisch-satirische Arbeiten, historisierende Theaterstücke, journalistische Polemiken und Repliken, sprachwissenschaftliche Versuche, Erinnerungen und eine staatsrechtliche Abhandlung – die Liste der kaiserlichen Schriften ist so lang, daß wir bei knappem Raum nur einen Blick auf Katharinas wichtigste Publikationen werfen konnten. Die Zarin schrieb in französischer und in russischer Sprache. Ihr Russisch war nahezu perfekt; grammatikalische Unebenheiten der Formulierungen bügelten die Sekretäre aus. In Briefen an Deutsche flocht Katharina Sätze in ihrer Muttersprache ein. Leidenschaftlich gern korrespondierte die Kaiserin mit intelligenten, vorzeigbaren Partnern; dabei konnte sie, stets berechnend, ihre Aktivitäten ins rechte Licht rücken.

Ein durchaus natürliches Temperament kommt dagegen in den ungezwungenen, hingebungsvollen Liebesbriefen zum Ausdruck, die erhalten geblieben sind. Als Beispiel für Katharinas weibliche Fürsorge einem geliebten Mann gegenüber sei aus einem Brief der Zarin an Potjomkin zitiert, mit dem sie Mitte der siebziger Jahre ein intensives intimes Verhältnis hatte: *Mein Liebling, mein lieber Gatte, ich führe Deine üble Laune nur darauf zurück, daß Du kalte Bäder nimmst. Ich habe Dir erzählt, daß sie auf mich die gleiche Wirkung haben... Mein Täubchen, mein Freund, sei glücklich und verabschiede Deine schlechte Laune.* Oder, ebenfalls an Potjomkin, der ein eigenwilliger und eifersüchtiger Gefährte war und deshalb mit der bestimmenden Kaiserin ständig aneinander geriet: *Ich werde nie wieder auf eine Wallfahrt gehen* (zum Sergius-Dreifaltigkeits-Kloster bei Moskau). *Du bist so kalt zu mir, und mein Herz ist mutlos, Riese, Moskowiter, Kosak, Zwitter aus einem Wolf und einem Vogel.*[157]

Damit wollen wir uns von Katharina als Autorin verabschieden, die – mit gezieltem Understatement – einen anderen Briefpartner wissen ließ: *Was meine Schriften betrifft, so betrachte ich sie als Kleinigkeiten. Es hat mir gefallen, mich in verschiedenen Genres zu versuchen, und alles, was ich gemacht habe, erscheint mir höchst mittelmäßig; auch habe ich all dem niemals irgendeine Bedeutung beigemessen – ausgenommen das Vergnügen.*[158] Ein Vergnügen, das die Komödienschreiberin in hohem Maße empfand, wenn sich die Petersburger Zuschauer der Kaiserin zu Gefallen amüsierten, *wie die Verrückten lachten und sich die Hände wund klatschten*[159].

Zarin des Adels

Der Adel stützte Katharinas Thron. Dem Adelsstand war die Kaiserin verpflichtet, denn er hatte, repräsentiert durch die Garde, Katharina II. an die Macht gebracht. Den Wünschen des Adels kam die Zarin schon im Tauziehen um ihren *Nakas* weitgehend entgegen. Der Aufstand Pugatschows markierte dann den Beginn einer extrem reaktionären Innenpolitik. Zwei kaiserliche Maßnahmen zementierten das absolutistische Feudalregime: die Reorganisation der Gouvernementsverwaltung (1775) und die Festschreibung der Adelsprivilegien (1785).

Während der Pugatschowschtschina wurden die Nachteile eines weitmaschigen administrativen Systems offenkundig. Die Staatsgewalt war in den Unruhegebieten zunächst überall auf dem Rückzug und verlor den Überblick; die Ordnungskräfte in den betroffenen Territorien erwiesen sich als zu schwach. Katharina löste das Problem, indem sie den örtlichen bürokratischen Machtapparat ausbaute, das heißt einen Teil der Verwaltung dezentralisierte und dennoch die zentrale autokratische Oberaufsicht stärkte. Das Rußländische (Rossijskaja) Imperium wurde in 50 Gouvernements mit jeweils wenigstens 300000 Einwohnern[160] eingeteilt (bis dahin waren es 20 Gouvernements). Jedes Gouvernement setzte sich aus etwa zehn Bezirken (ujesd) zusammen; die Provinzen wurden abgeschafft. Ein Generalgouverneur leitete das Gouvernement; als Statthalter der Herrscherin war er Katharina direkt unterstellt und, nominell, auch dem Senat verantwortlich. Doch der Senat, von Peter I. geschaffen, den Elisabeth Petrowna zum obersten Staatsorgan aufgewertet hatte, verlor unter Katharina II. seine gesetzgeberischen Vollmachten und war wieder nur eine höchste Verwaltungs- und Gerichtsinstanz. Am Sitz der Gouvernementsverwaltungen wurden Kammern für Finanzen (Steuern) und gerichtliche Instanzen neu eingerichtet und von der eigentlichen Administration abgetrennt. Gleiches galt für die Bezirke. Wieder konnte sich Katharina als Schülerin Montesquieus gebärden, dessen Grundsatz von der «Trennung der Gewalten» sie mithin auf der mittleren und unteren Ebene übernahm. In der Praxis jedoch konnte von einer gegenseitigen Unabhängigkeit der russischen Gewalten nirgendwo die Rede sein. Verwaltung, Finanzen und höhere Gerichtsbarkeit lagen in den Händen des örtlichen Adels, was jedoch keine Dienstpflicht bedeutete; die Ge-

Die kaiserliche Familie. Katharina mit ihren Enkeln Alexander und Konstantin, Paul Petrowitsch mit seiner Frau Maria Fjodorowna, einer württembergischen Prinzessin

samtverantwortung blieb beim Generalgouverneur. Das hieß, daß der Dworjanin außer seinen gutsherrlichen Machtbefugnissen nun auch die administrative Gewalt über den Großteil der Bevölkerung seines Bezirks ausübte.

Kaufleute und Handwerker sowie freie Kronbauern erhielten ihre eigene Verwaltung und eigene Gerichte, sie durften auch in Angelegenheiten der öffentlichen Wohlfahrt ein Wort mitreden. Den leibeigenen Bauern[161], über die ihr Gutsherr zu Gericht saß, blieb in den neuen *Einrichtungen zur Verwaltung der Gouvernements* jede Mitwirkung versagt. Die Petersburger Kollegien (Ministerien) wurden durch diese einschneidende Verwaltungsreform überflüssig; Katharina löste sie der Reihe nach auf, ausgenommen die Kollegien für Auswärtiges, Krieg und Seeschifffahrt. So überzog die Zarin ihr Land mit einem dicht geknüpften Netz staatlicher Institutionen, in denen der Adel generell den Ton angab. Das neue System bewährte sich fast ein Jahrhundert lang, bis den Bauern durch die «Befreiung» von 1861 wenigstens die formale rechtliche Gleichstellung mit der übrigen Bevölkerung zugestanden wurde. Einen Bauernkrieg hat es in Rußland seit Katharinas Zeiten nie mehr gegeben.

Einige Jahre zuvor hatte Voltaire die Kaiserin gedrängt, sowohl den Türkenkrieg als auch ihr Gesetzeswerk so schnell wie möglich zu beenden. Die *Mutter, die ohne Aufhören ihre Kinder betreut,* beeilte sich nun, auch ihre Freunde im Westen davon zu unterrichten, was sie *erfüllt von menschenliebender Umsicht und heißem Bemühen für das allgemeine Wohl* und *zur Mehrung jeglicher guten Ordnung* (Manifest vom 7. November 1775 über die Verwaltungsreform) unternommen hatte. *Ich schwöre Ihnen, daß ich niemals Besseres gemacht habe, und daß ich im Vergleich zu diesen meinen Verordnungen die Instruktion für das Gesetzbuch in diesem Augenblick als Geschwätz betrachte* (Brief an Grimm vom 29. November 1775). Von schlechtem Gewissen zeugten auch Katharinas knappe Mitteilungen an Voltaire. Die guten Taten für das Volk, dem Philosophen einst so engagiert versprochen, wurden nun nicht mehr erwähnt. *Falls jemand in diesem Werk etwas anderes sucht als Ordnung und gesunden Menschenverstand, so täuscht man sich. In dieser Anhäufung von Worten ist ganz bestimmt weder Genie noch Esprit, aber sehr viel Nützlichkeit* (Brief vom 14. Oktober 1776).[162] Diesmal blieb Voltaire, der überragende Repräsentant des Geistes, der Vertreterin staatlicher *allgemeiner Ruhe* und *Ordnung* die Antwort schuldig.

Die *Gnadenurkunde* (*Schalowannaja gramota*) der Zarin *für den Adel* 1785 war Höhepunkt der allseitigen Erhebung dieses Standes, die Katharina II. konsequent betrieb. Außer den persönlichen Privilegien und dem starken Einfluß auf die örtliche Verwaltung wurde den Adeligen nun auch das Recht der innerständischen Selbstverwaltung zugestanden, durch Adelsgesellschaften (Korporationen), die sich – unter der Ägide des Generalgouverneurs – auf Gouvernements- und Bezirksebene konstituierten. Unter Peter dem Großen war es, je nach persönlichen Verdiensten des einzelnen, relativ leicht gewesen, in den Adelsstand aufzusteigen; das hatte den vornehmen Familien nie gefallen. Katharina kam auch in diesem Punkt den Wünschen des Adels entgegen und erschwerte die Zulassung. Wer adelig ist, bestimmten fortan die Adeligen selbst, und nur durch Beschluß *ebenbürtiger Richter* konnte der Dworjanin sein Prädikat einbüßen. Die *Gnadenurkunde* zählte unter anderem folgende Standesrechte auf: Die adelige Würde ist erblich; der Adelige ist von persönlichen Steuern befreit; er darf körperlich nicht gezüchtigt werden; der *Wohlgeborene* darf bewohntes Land, also Leibeigene, besitzen, Dörfer kaufen und dort Fabriken betreiben; ihm gehören auch die Bodenschätze seines Landes, er kann sie nach Belieben ausbeuten; der Adelige braucht nicht zu dienen, wenn er es nicht will (s. «Peter III.» [S. 60]). Was den Einsatz für den Staat betraf, dem der Adelige dies alles verdankte, so drückte die Urkunde die Erwartung aus: *...da die tatsächliche Existenz*

Großfürst Paul Petrowitsch, der spätere Zar Paul I.

des russischen Adels von der Sicherheit des Vaterlandes und des Thrones abhängig ist, so hat jeder wohlgeborene Adelige die Pflicht, so oft es die russische Selbstherrschaft nötig hat und so oft der Dienst des Adels für das allgemeine Wohl erforderlich ist, auf den ersten Ruf der autokratischen Macht herbeizueilen und weder Mühe noch Leben im Dienste des Staates zu schonen. Im übrigen: Bestätigen wir für ewige Zeiten, erblich für künftige Geschlechter, dem russischen Adel seine Unabhängigkeit und Freiheit.[163]

Rußland, nun der perfekte Adelsstaat, blieb ein Land der Bauern, obgleich Katharina II. die Gründung von Städten förderte. Die Städte auf der Landkarte, in denen insgesamt vielleicht eine Million Menschen lebten[164], waren oft nur kleine Ansiedlungen, die durch einen Verwaltungs-

J'ai cru mon cher fils que ce point sur lequel vous venez de m'écrire aujourd'huy n'était point du tout problematique et que ma lettre du 11. may n'avoit pu vous laisser aucun doute sur la permission que je vous ai donc d'aller en Finlande, la guerre n'est point déclarée encore et il n'y a point non plus d'hostilité de commencée, nos premiers corps doivent etre defensifs mais a tout heure il faut s'y attendre. Je salue ma chere fille et vous en brave.

ce 24 juin 1788. en sortant du Te deum pour la bataille de Tchesma

Eigenhändiger Brief Katharinas an ihren Sohn Paul vom 24. Juni 1788

akt zu städtischen Kommunen befördert wurden. In solchen größeren Dörfern ließ sich aus vorwiegend bäuerlichen Handwerkern oder Gewerbetreibenden kein «dritter Stand» konstruieren. Von Bürgerstolz und Bürgersinn konnte in Katharinas Rußland schwerlich die Rede sein, obgleich es seit den Reformen Peters I. eine kommunale Selbstverwaltung gab. Daran änderte auch die *Gnadenurkunde für die Städte* nichts, mit der die Kaiserin 1785 eine neue *städtische Gesellschaft* ins Leben rufen wollte, an deren Gedeihen alle Bürger gleichermaßen interessiert sein sollten. Der Plan scheiterte an den Standesunterschieden innerhalb der Bürgerschaft, wo gewöhnlich die reichen und damit angesehenen Kaufleute das Sagen hatten.

Eine Gnadenurkunde für die Leibeigenen gab es nicht, nicht einmal für die Kronbauern. Im Gegenteil: Katharinas Gesetzgebung bewirkte, daß die Macht der Gutsherren über ihr lebendes Privateigentum gestärkt wurde. Wir haben schon darauf hingewiesen, daß die Zarin immer wieder Favoriten und andere Würdenträger, die sich Verdienste erworben hatten, mit bewohnten staatlichen Ländereien belohnte und dadurch freie Kronbauern, die ihre Arbeit nach eigenem Ermessen einteilten und Abgaben entrichteten, in Leibeigene verwandelte. Die Zahl dieser ver-

schenkten und von da an rechtlosen «Seelen» wird auf etwa eine Million geschätzt. Bis 1783 waren die Bauern in der Ukraine (Kleinrußland) frei, einen Gutsherrn, der sie drangsalierte, zu verlassen. Dann wurde ihnen dieses Recht durch Gesetz genommen; sie waren nun, wie die anderen Leibeigenen, an das Land, das sie gerade bebauten, und an den Herrn, dem sie gerade unterstanden, gefesselt.

Peter der Große hatte die wirtschaftliche Entwicklung Rußlands, die junge einheimische Industrie, durch protektionistische Maßnahmen abgesichert. Katharina II. dagegen liberalisierte das Wirtschaftsleben nach englischem Vorbild. Sie schaffte die Handelsmonopole gewisser Aristokraten ab und gewährte Fabrikanten und Kaufleuten volle Handlungsfreiheit. Zwei Typen von Manufakturen konkurrierten gewissermaßen miteinander: die Fabriken der Grundbesitzer, in denen ihre Leibeigenen, die Posessionsbauern, arbeiteten, und die Betriebe der Kaufleute, die freie Arbeitskräfte beschäftigten; letztere schnitten meist besser ab. Um Unternehmer zu ermutigen, richtete Katharina eine Staatsbank ein, die zinsgünstige langfristige Darlehen gewährte. 1768 wurde das erste russische Papiergeld herausgegeben. Da die sogenannten Assignaten zunächst jederzeit gegen Hartgeld umgetauscht werden konnten, akzeptierten die Untertanen diese Scheine. Mit der Kriegführung wuchs der Geldbedarf des Staates, und bald erreichte das Assignatenkontingent die Höhe von 150 Millionen Rubel. Der Umtausch des Papiergeldes in Münzen wurde erschwert, der Kurswert der Noten sank beträchtlich, eine Verteuerung war die Folge.

Finanzielle Engpässe der öffentlichen Hand hinderten die Zarin jedoch nicht daran, aus ihrer *Privatschatulle*, die sich Katharina vom Staat reichlich füllen ließ, Unsummen für den Ankauf westeuropäischer Kunstschätze zur Verfügung zu stellen. Mehrere tausend Gemälde aus berühmten Sammlungen, die wichtigsten können in der Leningrader Eremitage bewundert werden, und Bibliotheken, wie die Voltaires, gelangten so nach Rußland.

Am 6. November 1796 stand die Kaiserin zur gewohnten Stunde auf. Sie sprach mit Platon Subow, ihrem letzten Freund, und diktierte den Geheimschreibern. Danach blieb sie allein. Da sich in den Gemächern längere Zeit nichts rührte, wurden die Bediensteten unruhig; sie lauschten an der Tür. Als ein Diener eintrat, fand er die Zarin in einem Korridor, der zu ihrer Garderobe führte, reglos am Boden liegen. Katharina hatte einen Schlaganfall erlitten. Sie lebte noch einige Stunden, aber das Bewußtsein kehrte nicht wieder.[165] Katharina II. starb im 68. Lebensjahr.

Paul Petrowitsch, Katharinas Sohn, bestieg als Kaiser Paul I. den Thron. Die Beziehungen zwischen Sohn und Mutter waren kalt und feindselig gewesen. In Pauls Augen war Katharina eine Thronräuberin, die ihm als Sohn Peters III. die Krone vorenthalten hatte. Katharina an-

ЕКАТЕРИНА.II.

dererseits schloß den designierten Thronfolger demonstrativ von den Staatsgeschäften aus. Sie maßte sich an, allein über die Erziehung ihrer Enkel zu bestimmen, die in ihren Zukunftsplänen eine Rolle spielten.[166] (Katharina handelte nicht weniger rücksichtslos als Elisabeth Petrowna, die ihr einst, gleich nach der Entbindung, Paul weggenommen hatte, um den ersehnten Erben persönlich großzuziehen.) Zudem haßte Paul die Favoriten seiner Mutter und fand erst nach seinem Regierungsantritt unter den Papieren der Verstorbenen den Beweis dafür, daß Katharina bei der Ermordung Peters III. ihre Hand nicht im Spiel gehabt hatte. Das Beweisstück war der Brief Alexej Orlows.

Auf makabere Weise rächte Paul I. sich und seinen vermeintlichen Vater. Er ließ die Überreste Peters III. aus dem Alexander-Newskij-Kloster in den Winterpalast überführen. In der Zarenresidenz wurden Peter III. und Katharina II. Seite an Seite aufgebahrt. Doch nur der Sarg Peters III. durfte die Krone des Reiches tragen. Später wurden Katharina und ihr Mann unter einem Dach, doch voneinander getrennt, in der Kathedrale Peter und Paul zu St. Petersburg beigesetzt. Dort ruhen seit Peter dem Großen die meisten russischen Kaiser. An der Spitze des Trauerzugs schritt Alexej Orlow, einer der Mörder Peters III., und trug dem Opfer die Krone nach. So befahl es der neue Zar.

Zehn Jahre vor ihrem Tod verfaßte Katharina II. für sich eine Grabschrift. Darin hieß es: ... *Auf den russischen Thron gelangt, strebte sie nach dem Guten und suchte ihren Untertanen Glück, Freiheit und Eigentum zu verschaffen. Sie vergab leicht und haßte Niemanden. Sie war nachsichtig, leichtlebig, heiteren Temperaments, hatte eine republikanische Seele und ein gutes Herz. Sie hatte Freunde. Die Arbeit fiel ihr leicht, Geselligkeit und die Künste erfreuten sie.*[167]

Gute Vorsätze waren vorhanden. Doch Katharinas Taten und Unterlassungen stimmten mit den erklärten Absichten nicht überein. Am Ende ihres Lebens hatte die Kaiserin durch ihre Politik und ihr Verhalten dieses geschönte Selbstporträt relativiert und in den richtigen Rahmen eingepaßt.

Anmerkungen

1 Zar ist ein Titel, der dem griechischen kaisar und dem lateinischen caesar entspricht. Zum ersten russischen Zaren ließ sich 1547 der Moskauer Großfürst Iwan IV. krönen, der im Westen Iwan der Schreckliche genannt wird. 1721, nach dem siegreichen Nordischen Krieg über die Schweden, nahm Zar Peter I. den Titel an: Vater des Vaterlandes, Imperator ganz Rußlands und der Große. Aus dem Moskauer Staat wurde das Rußländische (Rossijskaja) Imperium. Von da an wurden die Zaren Imperator und die regierenden Zarinnen Imperatriza tituliert. In der Geschichtsschreibung und in dieser Biographie werden beide Titel verwendet.

2 Anna Iwanowna war eine Tochter Iwans V., des älteren Halbbruderts Peters I.

3 Elisabeth Petrowna, 1709 geboren, galt vielen als uneheliches Kind, denn Peter hatte ihre Mutter, die spätere Zarin Katharina I., erst 1712 geheiratet.

4 Brief von 1776. Friedrich Melchior Grimm (1723–1807), der später geadelte deutsche Aufklärer, ist durch seine literarisch-philosophische Korrespondenz, regelmäßig erscheinende Rundschreiben, bekannt geworden. 1773 begleitete er Diderot nach St. Petersburg und wurde von Katharina II. vielfach geehrt. Der Briefwechsel der Zarin mit Grimm erschien in Band XXIII des Sammelwerks (russ. Sbornik) der Kaiserlichen Russischen Historischen Gesellschaft, St. Petersburg 1867–78 (fortan zitiert als Sbornik). Zitate aus dem Sammelwerk bei Alexander Brückner: «Katharina die Zweite». Berlin 1883 (vgl. Anm. 29).

5 «Katharina II. in ihren *Memoiren*». Aus dem Französischen und Russischen übersetzt und herausgegeben von Erich Boehme. Leipzig 1916. S. 27. Katharinas Erinnerungen sind in Bruchstücken aus verschiedenen Zeiten erhalten geblieben, denn die Kaiserin schrieb ihre *Memoiren* oder *Denkwürdigkeiten* (russ. *Sapiski*) nicht in einem Zuge nieder. Es existieren sieben französisch und zwei russisch geschriebene Stücke, in denen dieselben Vorgänge gelegentlich mehrmals und mit unterschiedlicher Nuancierung geschildert werden (vgl. Anm. 43). Die deutsche Edition Erich Boehmes – fortan zitiert als *Memoiren* – berücksichtigt alle vorhandenen Manuskripte; sie ist, mit Kommentar und Anmerkungen des Herausgebers, die zuverlässigste deutschsprachige Zusammenfassung der verstreuten Erinnerungen, die auch in Rußland vollständig erst 1907 erschienen sind.

6 Der Marien-Dom, auf den der Straßenname zurückgeht, brannte 1789 ab. Das Stadtviertel nahe dem Schloß mit dem Geburtshaus Große Domstraße 1 ist in den Feuerstürmen des Zweiten Weltkriegs untergegangen.

7 *Memoiren* 9f

8 *Memoiren* 1 f. Über den Bruder Wilhelm Christian Friedrich, der gehbehindert war und im Alter von elf Jahren an Fleckfieber starb, hat sich Katharina in ihren Erinnerungen bemerkenswert gefühllos geäußert. Insgesamt hatte die zukünftige Kaiserin zwei Brüder und zwei Schwestern.

9 *Memoiren* 2

10 *Memoiren* 7 f

11 *Memoiren* 15

12 Brückner, a. a. O., S. 17

13 *Memoiren* 39, 78 f

14 *Memoiren* 15

15 *Memoiren* 5 f

16 Hamburg war auch für sein Musikleben bekannt. Die erste deutsche Bürgeroper, die jedermann gegen Zahlung eines Eintrittspreises besuchen konnte, wurde schon am 2. Januar 1678 in der Hansestadt eröffnet, in einer Zeit, da es sonst nur Hoftheater gab.

17 *Memoiren* 4, 13

18 Die Herzöge zu Braunschweig und Lüneburg (Wolfenbüttelscher Teil) residierten seit 1432 in Wolfenbüttel, von da an die Hauptresidenz jenes Welfenhauses. Erst 1753/54 verlegten sie ihren Sitz endgültig zurück nach Braunschweig. Der Graue Hof, eine der Braunschweiger Residenzen, wo sich Sophie mit ihrer Mutter aufhielt, war der Witwensitz der Herzogin Elisabeth Sophie Marie (1683–1767), die auch als Bücher(Bibel)sammlerin bekannt geworden ist. Für die europäischen Verbindungen des Hauses Braunschweig seien zwei Beispiele genannt: Maria Theresia, Erzherzogin von Österreich und Ehefrau eines Kaisers des Römischen Reiches Deutscher Nation, war die Tochter einer braunschweigischen Prinzessin. Friedrich Wilhelm I., König in Preußen, verheiratete den Kronprinzen Friedrich, den späteren Friedrich II., und dessen jüngere Schwester Philippine Charlotte mit Mitgliedern des Hauses Braunschweig (Nebenlinie Bevern). Beide Hochzeiten fanden im Sommer 1733 statt; im selben Jahr, erinnerte sich Katharina, traf sie als Kind mit Friedrich Wilhelm I. in Braunschweig zusammen.

19 Die Titel der Hohenzollern werden oft unzutreffend wiedergegeben, denn erst seit der Teilung Polens von 1772 durften sich die preußischen Könige «König von Preußen» nennen. Vorher waren sie Könige bzw. Prinzen «in Preußen».

20 *Memoiren* 24 f

21 Die Truppenbewegungen waren eine Folge des Ersten Schlesischen Krieges, den Friedrich II., seit dem 31. Mai 1740 König in Preußen, am 16. Dezember 1740 vom Zaun gebrochen hatte.

22 Johann Ludwig starb am 5. November 1746; von da an bis zu seinem Tod am 16. März 1747 regierte Christian August das Fürstentum Anhalt-Zerbst als Alleinherrscher.

23 *Memoiren* 29 f. Jever fühlt sich, gewissermaßen bis heute, der späteren Kaiserin von Rußland verbunden. Die Thronbesteigung 1762 der Anhalt-Zerbster Prinzessin wurde in der friesischen Herrschaft mit einem pompösen Dankfest gefeiert. «Unter dem mächtigen Schutz des Zarenreiches» prophezeite man Jever und Zerbst eine glückliche Zukunft. Tatsächlich ist Katharina II. nach dem Tod ihres Bruders Friedrich August, des letzten Fürsten von Anhalt-Zerbst, von 1793 bis 1796 nominell Herrin zu Jever gewesen. Sie schenkte

dem Jeverland eine Zweitanfertigung des von dem Hofmaler Lampi, einem
Südtiroler, geschaffenen Gemäldes, heute noch eine Attraktion des Schloß-
museums Jever (vgl. das Umschlagbild). 1818 hat Zar Alexander I. die Herrschaft Jever an Oldenburg abgetreten. («Historien-Kalender». Jever 1983.
Jeverländischer Altertums- und Heimatverein.)

24 *Memoiren* 20 f
25 Brückner, a. a. O., S. 24 f; *Memoiren* 34 f
26 *Memoiren* 32 f
27 «Katharina II. von Rußland in Augenzeugenberichten». Herausgegeben von
Hans Jessen. München 1978. S. 35. Fortan zitiert als Augenzeugenberichte.
28 Katharina erwähnt in ihren *Memoiren*, alle Briefe aus Rußland an ihre Mutter
seien durch die Hände des Preußenkönigs gegangen.
29 Brückner, a. a. O., S. 17 f, bezieht sich zu diesem Punkt auf preußische Quellen. Alexander Brückner (1834–96), Professor an der baltendeutschen Universität Dorpat (heute Tartu), veröffentlichte seine Geschichte Katharinas II.
zunächst in Deutsch als Teil der «Allgemeinen Geschichte in Einzeldarstellungen» (Berlin 1883). Die russische Petersburger Ausgabe folgte 1885.
Brückner faßte die russische und ausländische Forschung zu einem frühen
Zeitpunkt zusammen. Das Werk sei zum weiterführenden Quellenstudium
empfohlen, obgleich der Autor der Versuchung nicht widerstand, seine Heldin zu idealisieren.
30 Beide Briefe in Augenzeugenberichte, a. a. O., S. 29 f
31 *Memoiren* 41. Diese erste Niederschrift stammt aus den Jahren 1754 bis 1756.
32 *Memoiren* 28, 40 f. Die spätere Version der Erinnerungen trägt den Vermerk
begonnen am 21. April 1771. Von da an hat sich Katharina bis zu ihrem Tod,
wenn auch mit einer langen Unterbrechung in den achtziger Jahren, immer
wieder mit ihrer Lebensgeschichte beschäftigt.
33 *Memoiren* 42 f
34 In den Siebenjährigen Krieg griff Rußland 1757 gegen Preußen ein.
35 *Memoiren* 44 f
36 Christian August, Fürst von Anhalt-Zerbst, geb. 1690, starb am 16. März
1747; die Thronbesteigung seiner Tochter hat er also nicht erlebt.
37 Wortlaut beider Instruktionen des Fürsten in Augenzeugenberichte, a. a. O.,
S. 37 f.
38 Augenzeugenberichte, a. a. O., S. 41
39 Am Abend des 9. Februar (russische Zeitrechnung) 1744, unmittelbar nach
der Ankunft in Moskau.
40 *Memoiren* 51 f
41 Kolportiert wird, daß Elisabeth bei ihrem Tod 15 000 kostbare Toiletten hinterließ; sie kleidete sich täglich vier- bis fünfmal um. Vgl. Valentin Gitermann: «Geschichte Rußlands». Hamburg 1949. 2. Band, S. 164 f
42 Das befestigte Dreifaltigkeitskloster (Troize-Sergijewa lawra) liegt 60 Kilometer nordöstlich von Moskau. Die Stadt, die an seinen Mauern entstand,
heißt seit 1930 Sagorsk. Das Kloster ist heute ein beliebtes Touristenziel.
43 *Memoiren* 55 f. Später erst führte Katharina die Erkrankung auf ihren übergroßen Lerneifer zurück. Um in der russischen Sprache schnellere Fortschritte zu machen, sei sie nachts aufgestanden und habe sich in das Vokabelheft
vertieft. Da ihr Zimmer warm war und sie sich mit dem russischen Klima noch
nicht auskannte, sei sie barfuß dagesessen und habe sich nichts übergezogen.

Auf dem Höhepunkt der Krise wollte die Mutter einen lutherischen Pastor kommen lassen, sie habe jedoch zur größten Zufriedenheit der Kaiserin mit ihrem russischen Religionslehrer sprechen wollen, den man ihr schon zugeteilt hatte. Der Teil der *Memoiren*, in dem diese Passagen enthalten sind, entstand in den letzten Lebensjahren Katharinas II. und galt lange als die einzige Version der kaiserlichen Erinnerungen. Alexander Herzen, der Publizist und Dissident, hat dieses Stück, das tendenziöseste von allen (Boehme) 1859 in London nach einer ihm zugegangenen eher ungenauen Abschrift veröffentlicht (vgl. Anm. 5): «*Denkwürdigkeiten* der Kaiserin Katharina II.». Nach der Übersetzung von Alexander Herzen bearbeitet von Johannes Holander. Berlin o. J. S. 12f. Fortan zitiert als *Denkwürdigkeiten*.

44 Sophie war Peters Cousine zweiten Grades: Friedrich IV., Herzog von Holstein-Gottorp, Peters Großvater väterlicherseits, und Christian August, Herzog von Holstein-Gottorp, Sophies Großvater mütterlicherseits, waren Brüder.

45 *Memoiren* 58f

46 Auch Karl Peter Ulrich von Holstein-Gottorp war zur griechisch-orthodoxen Kirche übergetreten, ehe er zum russischen Thronfolger ernannt werden konnte; von ihm berichtete Katharina, daß er innerlich *am Luthertum festhielt*. Für die Ehefrau eines Thronfolgers gab es einen Präzedenzfall, der allerdings nicht zur Diskussion stand: Charlotte von Braunschweig-Wolfenbüttel, die Schwiegertochter Peters des Großen, hatte den Glauben nicht gewechselt.

47 *Memoiren* 59

48 Brief an den Fürsten Christian August. Augenzeugenberichte, a. a. O., S. 48

49 Die Zarin wählte den gleichen Namen aus, den ihre Mutter bekam, nachdem diese den orthodoxen Glauben angenommen hatte. Der Name Sophie (Sophia) war bei Hofe verhaßt, denn so hieß die Halbschwester Peters I., die widerrechtlich nach der Zarenmacht strebte. Vgl. Reinhold Neumann-Hoditz: «Peter der Große». Reinbek 1983 (rowohlts monographien Bd. 314).

50 Dreizehn Jahre später, als Katharina das Schriftstück wiederfand und las, war sie hocherfreut darüber, wie richtig sie sich schon als Halbwüchsige eingeschätzt hatte. Katharina hat das Dokument dann zusammen mit anderen Papieren verbrannt, als sie im Zusammenhang mit der Affäre Bestuschew-Rjumin in Schwierigkeiten geriet (vgl. «Im Vorhof der Macht» [S. 51]).

51 *Memoiren* 79f

52 *Memoiren* 81; *Denkwürdigkeiten* 28

53 Zu der Parade der Spielzeugsoldaten mußte ein Diener die Trommel rühren; seine Lakaien steckte der Großfürst in militärische Monturen und spielte mit ihnen Krieg; auf großen Stücken Blech wurde der Gefechtslärm nachgeahmt. Eines Tages, Peter war schon verheiratet, erblickte Katharina im Zimmer ihres Mannes eine an der Decke erhängte Ratte; sie war, wie der Großfürst ernsthaft erklärte, nach dem Kriegsrecht hingerichtet worden, weil sie in der Pappfestung auf dem Tisch zwei aus Stärkemehl gefertigte Soldaten aufgefressen hatte (Brückner, a. a. O., S. 33; *Memoiren* 281).

54 *Memoiren* 89f; *Denkwürdigkeiten* 16, 41

55 *Man ließ mich acht Tage weinen, so viel ich wollte*, schrieb Katharina. Dann ließ ihr die Kaiserin befehlen, mit dem Weinen aufzuhören, schließlich sei ihr Vater kein König gewesen, sie dürfe höchstens sechs Wochen Trauer tragen.

(*Denkwürdigkeiten* 65 f) Johanna Elisabeth starb 1760; Mutter und Tochter hatten einander nicht wiedergesehen.

56 *Memoiren* 96 f, 389 f
57 Brief von 1766 an Frau von Bielke, eine Deutsche, mit der Katharina korrespondierte (Sbornik X, 105).
58 Gitermann, a. a. O., S. 183. Auf das Werk des aus Rußland stammenden Historikers und Soziologen (1900–65), der in der Schweiz wirkte und sich gerade auch mit den gesellschaftlichen Problemen Rußlands befaßte, sei besonders hingewiesen.
59 *Memoiren* 86 f
60 Aufschlußreiches darüber in den *Memoiren* 269 f, 272. Großfürst Peter galt als impotent oder steril.
61 *Denkwürdigkeiten* 140 f; *Memoiren* 265 f
62 Nach Pauls Geburt wurde Sergej Saltykow vom Hof entfernt und in diplomatischer Mission nach Stockholm geschickt; bald darauf ging er als Gesandter beim Niedersächsischen Kreis nach Hamburg.
63 *Memoiren* 300, 97
64 Bald darauf polnischer Gesandter in Petersburg. Als Stanisław II. August gelangte der Graf auf den polnischen Königsthron. Er war der letzte König von Polen (vgl. «Polen wird geteilt» [S. 91]).
65 *Memoiren* 390 f. Erinnerungen Poniatowskis, zit. in *Memoiren* 319 als Anmerkung des Herausgebers. Großfürstin Anna (9. Dez. 1757 – 8. März 1759), Katharinas zweites Kind, entstammte vermutlich dem Verhältnis mit dem Polen. Peter Fjodorowitsch akzeptierte die Beziehung seiner Frau zu Poniatowski, den er mochte. Katharina, andererseits, goutierte Peters Hauptfavoritin, Elisabeth Woronzowa. In lustiger Clique feiernd waren sie alle zusammen *die besten Freunde der Welt.* (*Memoiren* 409 f und Poniatowskis Erinnerungen.) Der Graf kehrte im Sommer 1758 nach Polen zurück.
66 *Memoiren* 373 f. Bestuschew-Rjumin wurde auf eines seiner Güter verbannt: Katharina holte ihn nach ihrem Machtantritt in die Hauptstadt zurück.
67 Nach seiner Thronbesteigung schloß Peter III. mit Preußen einen Friedens- und Bündnisvertrag. Auch Katharina II. nahm am Siebenjährigen Krieg nicht mehr teil.
68 Die Brüder Alexander und Peter Schuwalow waren vertraute Ratgeber der Kaiserin; Peters Frau Mawra Jegorowna war mit Elisabeth zusammen erzogen worden. Mit Iwan Iwanowitsch Schuwalow, einem jüngeren Vetter, begann Elisabeth Petrowna ein intimes Verhältnis. Peter Schuwalow war als Wirtschaftsmagnat bei der Bevölkerung verhaßt, denn er bereicherte sich skrupellos, indem er bestimmte Güter und Erwerbszweige monopolisierte (Tabak, Salz, Fischfang und Robbenjagd). Alexander leitete die berüchtigte Geheime Kanzlei, das Terrorinstrument der Zarenmacht.
69 Brückner, a. a. O., S. 62. Die geheimniskrämerische Zensur hat in Rußland Tradition. Reglementiert war selbst die Korrespondenz Katharinas mit ihrer Mutter; sie sollte sich auf Gemeinplätze beschränken. Einer russischen Großfürstin zieme es nicht, wurde der Frau des Thronfolgers mitgeteilt, andere Briefe zu schreiben als die im Außenministerium formulierten, die sie nur zu unterzeichnen brauche. Mutter und Tochter gelang es, auf konspirative Weise miteinander zu korrespondieren; sie bedienten sich privater Nachrichtenüberbringer (Brückner, a. a. O., S. 31; *Memoiren* 161 f).

70 Katharina hatte sich schnell der Verschwendung angepaßt, die am russischen Hof getrieben wurde; sie machte zudem gern Geschenke. Durch Bestechung waren Informationen erhältlich. Wegen ihrer Schulden wurde die Großfürstin von der Kaiserin häufig gerügt. Durch Gelder aus England, die sie erst als Kaiserin zurückzahlte, besserte Katharina ihre Apanage von 30000 Rubel auf. Im Gegensatz zu den Schuwalows, die für Frankreich wirkten, waren Bestuschew-Rjumin, der ebenfalls englisches Geld erhielt, und Katharina für eine Allianz mit England (Brückner, a. a. O., S. 57; *Memoiren* 74, 98, 150, 383).

71 *Memoiren* 386f, 395f, 412

72 Lew Alexandrowitsch Naryschkin – jüngerer Kammerherr am großfürstlichen Hof, ein fröhlicher Intrigant, mit dem Intimleben aller Beteiligten bestens vertraut.

73 *Memoiren* 366f

74 Sergej Michailowitsch Solowjow (1820–79) – russischer Historiker. Solowjows «Geschichte Rußlands seit den ältesten Zeiten» (russ.) in 29 Bänden, Moskau – St. Petersburg 1885–1901, die sich auf ein gewaltiges Archivmaterial stützt und bis in die Zeit Katharinas II. führt, hat die russische Geschichtsschreibung bis in die Gegenwart beeinflußt.

75 Das Manifest vom 18. Februar 1762 über die «Freiheit des Adels» war die neuerliche Abkehr vom Grundsatz Peters des Großen, der den Adel zum uneingeschränkten Staatsdienst verpflichtet hatte. Katharina tat so, als hielte sie nichts von dem Erlaß ihres Mannes (*Wart ihr etwa leibeigen, konnte man euch bis heute verkaufen? – Memoiren* 422). Als Kaiserin bestätigte sie jedoch die neue «Freiheit» (wolnostj) des Adels und gewährte ihm noch weitergehende Privilegien.

76 Brückner, a. a. O., S. 74

77 Alexej Grigorjewitsch, genannt Romanow, später Bobrinskij (1762–1813), 1796 Graf Bobrinskij. Katharina ließ ihr drittes Kind durch einen Kammerdiener aufziehen; später hielt sie mit ihrem Sohn Alexej Kontakt.

78 *Memoiren* 426

79 Katharina Romanowna Daschkowa, geb. Woronzowa (1743–1810), entstammte einer vornehmen Familie. Ihr Onkel Michail Illarionowitsch Woronzow war Großkanzler; er hatte die Position Bestuschew-Rjumins eingenommen. Elisabeth Woronzowa, Katharinas ältere Schwester, war die Mätresse Peters III. Als junges Mädchen begeisterte sich Katharina Woronzowa für die Großfürstin Katharina Alexejewna; an der Verschwörung gegen Peter III. war sie aktiv beteiligt. Doch bald nach dem Machtantritt Katharinas II. kühlte sich das Verhältnis zwischen den beiden begabten und ehrgeizigen Frauen ab. Später wurde die Fürstin Daschkowa Präsidentin der russischen Akademie der Wissenschaften, doch Berühmtheit erlangte sie durch ihre Memoiren, die in einer sachkundigen deutschen Edition vorliegen.

80 *Memoiren* 426. Fürstin Daschkowa: «Erinnerungen – Katharina die Große und ihre Zeit». München 1970. S. 33

81 Oranienbaum (seit 1948 Lomonossow) und Peterhof (seit 1944 Petrodworjez), am Südufer des Finnischen Meerbusens 30 Kilometer von St. Petersburg (Leningrad) entfernt, waren Sommerresidenzen bzw. Lustschlösser der Zaren.

82 Im Gespräch mit dem Grafen de Ségur, der als neuernannter französischer

Gesandter am Hof Katharinas II. in Berlin Station machte (Augenzeugenberichte, a. a. O., S. 108). Vielleicht verließ sich Peter auf Versprechungen Katharinas, von denen die Fürstin Daschkowa berichtete, die aber nicht verbürgt sind, sie werde ihm, fern von St. Petersburg, ein angenehmes Leben ermöglichen.

83 Festung im Ausfluß der Newa aus dem Ladogasee (seit 1944 Petrokrepostj). Als «namenloser» Gefangener wurde Iwan VI. Antonowitsch in Schlüsselburg festgehalten: er sollte, ehe Peter eintraf, in ein anderes Gefängnis verlegt werden.

84 Ungeklärt bleibt, wie der Mord geschah. In einem Brief an die Kaiserin behauptete Alexej Orlow, der die Offizierswache befehligte, es sei bei Tisch zu einem Streit gekommen, wobei Peter getötet wurde, Der Brief, unmittelbar nach der Tat in offenbar trunkenem Zustand geschrieben, wurde nach Katharinas Tod in den Papieren der Kaiserin gefunden. Wortlaut *Memoiren* 432 (Anmerkung des Herausgebers). Diplomaten berichteten, Peter sei vergiftet oder erwürgt worden.

85 Daschkowa, a. a. O., S. 67

86 «Sankt Petersburger Zeitung» vom 9. Juli 1762; Augenzeugenberichte, a. a. O., S. 102 f. (Zur Rolle des Senats vgl. «Aufgeklärter Despotismus» [S. 69].)

87 Brückner, a. a. O., S. 107 f

88 Der Ausspruch wird dem französischen König Ludwig XIV. (1638–1715) zugeschrieben, er ist aber nicht verbürgt.

89 *Memoiren* 75, 78

90 Sbornik VII, 82 f. Hedwig Fleischhacker: «Mit Feder und Zepter – Katharina II. als Autorin». Stuttgart 1978. S. 23 f. Die Notizen stammen aus den letzten Jahren der Regierungszeit Elisabeth Petrownas.

91 Brief an Madame Geoffrin (1699–1777), deren Pariser Salon zu jenen geistvollen Institutionen zählte, die ironisch und anerkennend «bureaux d'esprit» genannt wurden (Fleischhacker, a. a. O., S. 58).

92 An Madame Geoffrin, ebd., S. 59

93 Von Kalinin nach Uljanowsk. Eine Auslandsreise unternahm Katharina nicht. Das Herzogtum Kurland, ein Lehen des Königs von Polen, das die Zarin 1764 besuchte, war faktisch russisches Protektorat und wurde bei der dritten Teilung Polens (1795) Rußland zugeschlagen.

94 *Memoiren* 435 f

95 Fleischhacker, a. a. O., S. 35 f, 39

96 Gitermann, a. a. O., S. 204 f; *Memoiren* 441. Im 19. Jahrhundert nahm die Anzahl der Klöster wieder zu; bei Ausbruch der Revolution 1917 gab es in Rußland mehr als tausend Klosteranlagen.

97 Der Heiligste Synod war die von Peter I. an Stelle des Patriarchats geschaffene Kirchenleitung, eine Art Ministerium für religiöse Angelegenheiten, dessen Mitglieder dem Zaren einen Amtseid schworen.

98 Brückner (a. a. O., S. 134 f) hat den Fall Mazejewitsch ausführlich behandelt.

99 Iwan Antonowitsch, geb. am 12. August 1740, wurde in der Wiege zum Kaiser proklamiert (vgl. «Cliquenkämpfe und Palastrevolten» [S. 10]). Seit dem Staatsstreich Elisabeth Petrownas (25. November 1741) lebte die braunschweigische Familie an verschiedenen Internierungsorten, seit 1744 in Cholmogory, nahe der Weißmeerküste. Dort starb Iwans Mutter, Anna Leopol-

downa. Im Alter von sechzehn Jahren wurde Iwan, den man von seiner Familie getrennt hatte, nach Schlüsselburg gebracht. Dort soll der *zum Unglück Geborene* an Geistesstörungen gelitten haben. Anton Ulrich aus dem Haus Braunschweig-Wolfenbüttel überlebte seinen Sohn in der Verbannung um zehn Jahre; seine Kinder, Iwans jüngere Geschwister, durften 1780 Rußland verlassen. Dann erst glaubte Katharina II., vor Thronprätendenten ganz sicher zu sein. Dem Schicksal der Braunschweiger in Rußland widmete Brückner (a. a. O., S. 147 f) eine einfühlsame Studie.

100 Vom 17. August 1764; Fleischhacker, a. a. O., S. 48 f

101 Ukas vom 18. Juli 1762 gegen *gottwidrige Bestechlichkeit*

102 *Memoiren* 442

103 Sbornik X, 31 und XX, 236 f

104 Fleischhacker, a. a. O., S. 68

105 Cesare Beccaria (1738–94) plädierte für eine humane, öffentliche und unparteiische Rechtsprechung; er wandte sich gegen Folter und Todesstrafe. «Dei delitti e delle pene» wurde 1765 ins Französische übersetzt.

106 *Memoiren* 444. Mit einem knappen Rückblick auf die *Instruktion* und die *Gesetzgebende Kommission* enden Katharinas Erinnerungen.

107 Brückner, a. a. O., S. 439 f

108 Textstellen des *Nakas* nach der zeitgenössischen viersprachigen Ausgabe und Angaben zu Katharinas Quellen bei Fleischhacker, a. a. O., S. 66 f. Die *Instruktion* war französisch geschrieben; sie wurde ins Russische, Lateinische und Deutsche übersetzt und gedruckt.

109 Von Februar 1768 an tagten die Delegierten, die aus der Staatskasse Diäten bezogen, in St. Petersburg. Ihnen lagen 1500 Eingaben aus dem gesamten Reich vor, die nach Meinung der Antragsteller vom Gesetzgeber berücksichtigt werden sollten.

110 Brückner, a. a. O., S. 441 f; Sbornik XII, 291 und XX, 234 f

111 Stadt an der Wolga mit tatarischer Bevölkerung. Das Kasaner Khanat wurde 1552 durch Iwan IV. für Rußland erobert.

112 Brief vom 29. Mai 1767. Sbornik X, 204

113 Sakreposchtschenje, der historische Begriff für die Einführung der Leibeigenschaft, ist hergeleitet von befestigen, festschreiben.

114 Gerichtsnotorisch wurde ein besonders krasser Fall von Quälereien, die an Leibeigenen begangen wurden. Darja Saltykowa, Besitzerin eines Gutes bei Moskau, mißhandelte eigenhändig ihre Diener und Dienerinnen. Selbst schwangere Frauen ließ sie zu Tode peitschen. Katharina II. ordnete eine Untersuchung an; 38 Morde konnten der Sadistin nachgewiesen werden. Die Mörderin wurde 1768 zum Verlust des adeligen Standes und zu lebenslanger Klosterhaft verurteilt (Gitermann, a. a. O., S. 227 f). Andere Mordtaten, begangen an Leibeigenen, wurden allerdings sehr milde geahndet.

115 *Memoiren* 441 f. Neben den leibeigenen Fabrikarbeitern gab es, vor allem in den von Kaufleuten gegründeten Manufakturen, auch freie Lohnarbeiter, doch ihre Arbeitsbedingungen unterschieden sich kaum.

116 Kosaken sind kein Volk für sich, keine Nationalität. Es waren Russen, die vor der Leibeigenschaft und anderen Formen der Unterdrückung in die Freiheit der Grenzgebiete des Moskauer Staates flohen. Die Utopie der demokratischen Gemeinschaft freier Menschen, von der die Kosaken träumten, erfüllte sich in der Wirklichkeit nie, denn Machtrausch und Klassenkampf gab es auch

in ihrer «Bruderschaft». Die Dienste loyaler Kosaken haben die Zaren stets zu schätzen gewußt.

117 Augenzeugenberichte, a. a. O., S. 180

118 Historische Bedeutung erlangten die beiden falschen Thronprätendenten, die sich Anfang des 17. Jahrhunderts für den Zarewitsch Dmitrij Iwanowitsch, den jüngsten Sohn Iwans IV., ausgaben, der unter mysteriösen Umständen ums Leben gekommen war. Sie spielten im Kampf der Polen gegen Rußland eine Rolle.

119 Gemeint war Iwan IV. (Iwan Grosny), der im Westen als Iwan der Schreckliche bekannt ist. Dem Wortsinn nach bedeutet Grosny furchtgebietend streng.

120 Quellen für die Briefzitate: Fleischhacker, a. a. O., S. 93 f; Brückner, a. a. O., S. 195 f; Sbornik XIII, 386 f und 394

121 Die Wortbildung eines Familiennamens mit der angefügten Endung -schtschina bedeutet in der russischen Geschichtsschreibung die Zusammenfassung dessen, was diese Person bedeutete und bewirkte. Mit der Pugatschowschtschina hat sich Alexander Puschkin – einfühlsam dem Rebellen und seinen Opfern gegenüber – in seinem Roman «Die Hauptmannstochter» (1834–36) befaßt; er veröffentlichte auch eine historische Darstellung des Aufstands.

122 In Polen, wie in Rußland, war das Bürgertum ohne Bedeutung. Die Bauern waren leibeigen; sie lebten unter primitivsten Bedingungen und leisteten für ihren Grundherrn Fronarbeit.

123 Heinrich Jaenecke: «Polen – Träumer Helden Opfer». Hamburg 1981. S. 27f

124 Sbornik VII, 91 f

125 Anmerkung Katharinas zu einer Biographie Friedrichs II., die der italienische Historiker Carlo Giovanni Denina verfaßte (Brückner, a. a. O., S. 261; Sbornik VII, 373).

126 Das Recht, Konföderationen zu bilden, gehörte zu den verfassungsgemäßen Privilegien des polnischen Adels. Solche Bündnisse entstanden dann, wenn Adelige ihre Interessen bedroht sahen. Sie galten als Parlamente (Reichstage), in denen die einfache Mehrheit genügte, und durften äußerstenfalls den bewaffneten Widerstand proklamieren, das heißt auf legale Weise putschen. Nicht selten nahmen die Konföderierten ausländische, auch russische Hilfe in Anspruch.

127 Die rechtsufrige Ukraine (das Gebiet westlich des Dnjepr) mit Ausnahme Kiews gehörte bis zu den polnischen Teilungen zu Polen.

128 Die Juden waren bei den Ukrainern verhaßt, weil sich eine jüdische Minderheit als Gutsverwalter der Polen oder als Geldverleiher betätigte.

129 Nach einem Besuch in Stockholm hielt sich Prinz Heinrich, der Bruder Friedrichs II., 1770 und 1771 mehrere Monate in St. Petersburg auf. Er folgte einer Einladung Katharinas, die ihn einst in Berlin so beeindruckt hatte. Dabei wurde auch über eine Annexion polnischer Gebiete gesprochen, eine Idee, die Friedrich dann energisch weiterverfolgte. Joseph II., römisch-deutscher Kaiser in Wien, hatte dem geschätzten Preußenkönig seine Mitwirkung schon zugesagt; Maria Theresia, Josephs Mutter, machte dagegen moralische Bedenken geltend.

130 1945 forschten polnische Offiziere im besetzten Deutschland nach den ihrem Land geraubten Kunstschätzen. Im Schloß zu Jever entdeckten sie das Gemälde Katharinas II. (vgl. Anm. 23). Zornentbrannt bestanden sie darauf, daß es entfernt wurde («Jeverländer Wochenblatt» vom 2. Mai 1959).

131 Vgl. Reinhold Neumann-Hoditz: «Dschingis Khan». Reinbek 1985 (rowohlts monographien Bd. 345). Dort schildert der Verfasser das «Tatarenjoch», dem Rußland von 1240 bis 1480 unterworfen war.

132 Aus den tagebuchartigen Notizen (vgl. Anm. 90).

133 Brückner, a. a. O., S. 272

134 Augenzeugenberichte, a. a. O., S. 171f

135 Fleischhacker, a. a. O., S. 83

136 «Aus meinem Leben. Dichtung und Wahrheit». 4. Teil

137 Türkisch-bulgarisches Dorf nahe der Donau

138 Brief vom 9. August 1770 (Fleischhacker, a. a. O., S. 87)

139 Potjomkin brachte den Anschluß der Krim (Tauriens) zuwege.

140 Die Saporoger (jenseits der Stromschnellen lebenden) Kosaken hatten seit je gegen Tataren und Polen gekämpft; jetzt wurden diese Dienste nicht mehr benötigt.

141 Schon bald nach ihrer Thronbesteigung ließ Katharina Kolonisten aus der Pfalz und aus Schwaben kommen und siedelte sie an der Wolga bei Saratow an. Mittlerweile gab es 27 000 «Wolgadeutsche».

142 Urheber des sprichwörtlichen Ausdrucks «Potjomkinsche Dörfer» war möglicherweise der Fürst Charles de Ligne (1735–1814), der als Begleiter Josephs II. die Reise mitmachte. Er berichtete von den leeren Hausfassaden, die er, abseits der Straße, bei Fahrten über Land bemerkte.

143 Augenzeugenberichte, a. a. O., S. 118

144 Zum zweitenmal reiste Joseph II. durch Rußland, seit sich Österreich und das Zarenreich, zum Schaden der russisch-preußischen Beziehungen, einander genähert hatten. Wie schon im Sommer 1780, als Joseph, damals noch Mitregent seiner Mutter Maria Theresia, in Moskau und St. Petersburg war, benutzte der Kaiser auch bei diesem Besuch das Pseudonym eines Grafen von Falkenstein.

145 Brief an Grimm: Sbornik XXIII, 410

146 Gitermann, a. a. O., S. 476f, zitiert aus dem 3. Band der Memoiren Ségurs (s. Bibliographie).

147 Brief vom 1. Juli 1787 an den Hofarzt Johann Georg Zimmermann in Hannover (Augenzeugenberichte, a. a. O., S. 342f). Im Zustand einer schweren Depression, die *fast neun Monate* andauerte, hatte die fünfundfünfzigjährige Kaiserin in Zimmermanns Werk «Von der Einsamkeit» *Kraft gegen die Hypochondrie* gefunden; daraus entwickelte sich ein reger Briefwechsel. Ausgelöst wurde die Schwermut Ende Juni 1784 durch den Tod von Alexander Lanskoj, einer ihrer jugendlichen Liebhaber und Begleiter, von dem Katharina gehofft hatte, er werde eine *Stütze meines Alters* sein.

148 Brief vom 3. Juni 1787 an Staatskanzler Kaunitz (Augenzeugenberichte, a. a. O., S. 341)

149 Vgl. Katharinas Aide-mémoire für Joseph II. vom 10. September 1782 (Augenzeugenberichte, a. a. O., S. 308f). Folglich zerschlug sich auch das *griechische Projekt* der Kaiserin, die ein neues byzantinisches Reich unter russischer Ägide anvisierte. Um einen geeigneten Herrscher war Katharina nicht verlegen. *Orientalischer Kaiser* sollte ihr zweiter Enkel werden, einer der Söhne des Thronfolgers Paul. Im Vorgriff auf die Geschichte gab sie dem Kind den Namen Konstantin, dazu eine griechische Amme und später griechische Spielgefährten.

150 Katharina über Cagliostro, den sie in ihrer Komödie *Der Betrüger* darstellt: *Das ist ein übler Schurke, den man hängen sollte...* (Brief an Grimm vom 3. März 1786): Fleischhacker, a. a. O., S. 175

151 Adolf Stender-Petersen: «Geschichte der russischen Literatur». München 1957. Bd. I, S. 423 f

152 Ukas vom 1. August 1792 (Fleischhacker, a. a. O., S. 179 f)

153 Private Druckereien waren durch Erlaß Katharinas II. zugelassen. Die «Reise von Petersburg nach Moskau» erschien in einer Auflage von 650 Exemplaren.

154 «Russische Literatur» (russ.), von einem Autorenkollektiv. Moskau 1950. S. 126 f. Vgl. die deutsche Übersetzung der «Reise...» von Arthur Luther. Leipzig 1922

155 Brückner, a. a. O., S. 558

156 Unter Alexander I. wurde Radischtschew in eine Kommission berufen, die neue Gesetze ausarbeiten sollte. Er äußerte sich im Sinne seiner Überzeugungen, die er nie abgelegt hatte. Als der Vorsitzende des Ausschusses ihn freundschaftlich zurechtwies und scherzhaft meinte, Sibirien habe ihm wohl nicht gereicht, faßte Radischtschew dies als eine Drohung auf. Er ging nach Hause und vergiftete sich (13. September 1802).

157 Augenzeugenberichte, a. a. O., S. 269, 265. Über das Liebesleben der Zarin bzw. den dazu gehörenden Klatsch informieren Bücher, die in unserer Bibliographie in der Rubrik «Roman, Kolportage» aufgeführt sind.

158 Brief an Zimmermann vom 29. Januar 1789 (Fleischhacker, a. a. O., S. 139)

159 Brief an Grimm vom 17. Februar 1786 (ebd., S. 175)

160 Mit dem Anschluß der südlichen und der polnischen Gebiete wuchs die Bevölkerung des russischen Reiches beträchtlich. 1796, beim Tod Katharinas, waren es rund 36 Millionen Einwohner.

161 Die Revision (Zählung) von 1781 bis 1783 ergab 12 838 329 steuerpflichtige männliche Einwohner, 6 678 329 von ihnen waren Leibeigene (Heinrich Storch: «Historisch-statistisches Gemälde des Russischen Reiches». Riga 1797). Das Ausmaß der Versklavung wird deutlich, wenn man die Frauen und Kinder der leibeigenen Bauern hinzuzählt. Das heißt, daß etwa die Hälfte der Bevölkerung Rußlands rechtlos war.

162 Fleischhacker, a. a. O., S. 130 f

163 Gitermann, a. a. O., S. 471

164 St. Petersburg und Moskau zählten am Ende der Regierung Katharinas II. je etwa 150 000 Einwohner.

165 Brückner, a. a. O., S. 632

166 Katharina beabsichtigte, ihren Sohn Paul von der Thronfolge auszuschließen und dessen ältesten Sohn Alexander, den späteren Zaren Alexander I., zu ihrem Nachfolger zu machen. Eine entsprechende Verfügung, oder Testament, wurde nach dem Tod der Zarin gefunden und vernichtet, hieß es in übereinstimmenden Berichten.

167 Sbornik XXIII, 77

Hinweis

Die im Text enthaltenen Daten sind, außer bei nichtrussischen Ereignissen, nach dem alten Stil, dem julianischen Kalender Caesars angegeben, den Peter I. zum 1. Januar 1700 eingeführt hatte. (Bis 1700 wurden in Rußland die Jahre nicht von Christi Geburt, sondern, nach byzantinischem Brauch, von der «Erschaffung der Welt» an gezählt.) Die gregorianische Zeitrechnung, die Papst Gregor XIII. vom Oktober 1582 an verfügte, um den astronomischen Ablauf der Zeit aufzuholen, wurde in Rußland erst im Februar 1918 übernommen. Bei der Umrechnung russischer Daten in westeuropäische müssen von 1582 bis 1700 zehn, im 18. Jahrhundert elf, im 19. Jahrhundert zwölf und im 20. Jahrhundert bis 1918 dreizehn Tage addiert werden.

Russische Namen und Begriffe werden in der phonetischen Umschrift wiedergegeben, die sich im westlichen Sprachgebrauch zur Transkription von Wörtern in kyrillischer Schrift eingebürgert hat. Ausgenommen sind gebräuchliche Vornamen (Pjotr = Peter, Jelisaweta = Elisabeth, Jekaterina = Katharina usw.)

Ein russischer Eigenname setzt sich aus drei Bestandteilen zusammen: dem Vornamen, Vatersnamen, d. h. einer vom Vornamen des Vaters abgeleiteten Kennzeichnung, und dem Geschlechts- bzw. Familiennamen.

Denkmal Katharinas II., errichtet 1873 in St. Petersburg, heute Leningrad

Zeittafel

1725	28. Januar: Peter I. der Große stirbt im 53. Lebensjahr.
1725–1727	Katharina I.
1727–1730	Peter II.; mit ihm erlischt die männliche Linie der Romanows.
1729	2. Mai: Sophie Auguste Friederike, Prinzessin von Anhalt-Zerbst, in Stettin geboren.
1730–1740	Anna Iwanowna
1740–1741	Anna Leopoldowna Regentin für Iwan VI.
1741	25. November: Elisabeth Petrowna übernimmt die Macht.
1742	Kaiserin Elisabeth Petrowna läßt ihren vierzehnjährigen Neffen Karl Peter Ulrich von Holstein-Gottorp nach Rußland kommen; als Großfürst Peter Fjodorowitsch wird er zum Thronfolger bestimmt.
1744	10. Januar: Sophie Auguste Friederike reist mit ihrer Mutter Johanna Elisabeth, Fürstin von Anhalt-Zerbst, nach Rußland.
	28. Juni: Sophie tritt zum orthodoxen Glauben über und erhält den Namen Katharina Alexejewna; am folgenden Tag wird sie mit Peter Fjodorowitsch verlobt.
1745	21. August: Vermählung des Großfürsten Peter Fjodorowitsch mit der Großfürstin Katharina Alexejewna.
1754	20. September: Paul Petrowitsch geboren; Katharinas erstes Kind wird als ehelich anerkannt, obgleich Sergej Saltykow wahrscheinlich der Vater ist.
1756–1763	Im Siebenjährigen Krieg ergreift Elisabeth Petrowna Partei gegen Preußen. Peter III. schließt mit dem Preußenkönig Friedrich II. Frieden, an den sich Katharina II. hält.
1757	9. Dezember: Geburt der Tochter Anna; ihr Vater ist vermutlich Stanisław Poniatowski. Anna stirbt am 8. März 1759.
1761	25. Dezember: Tod Elisabeth Petrownas. Als Peter III. tritt Peter Fjodorowitsch die Nachfolge an.
1762	18. Februar: Manifest über die «Freiheit des Adels».
	11. April: Katharina wird von ihrem Sohn Alexej entbunden; das dritte und letzte Kind entstammt der Beziehung zu Grigorij Orlow.
	28. Juni: Peter III. gestürzt; Katharina zur Kaiserin proklamiert.
	6. Juli: Peters Ermordung.
	22. September: Krönung Katharinas II. in Moskau.
1763	Konflikt mit dem Erzbischof von Rostow, Arsenij Mazejewitsch, wegen der geplanten Enteignung des kirchlichen Grundbesitzes, die 1764 vollzogen wird.

1764	5. Juli: Iwan VI., der Staatsgefangene von Schlüsselburg, wird bei einem Befreiungsversuch getötet.
1765	Im Geist der Aufklärung beschäftigt sich die Kaiserin mit einer Erneuerung der Gesetze. Sie entwirft zu diesem Zweck eine *Instruktion*, deren liberale Grundsätze auf Druck des Adels wesentlich abgeschwächt werden.
1767–1768	Tagung einer *Gesetzgebenden Kommission*. Das reformerische Gesetzeswerk kommt jedoch trotz des Vorschußlorbeers, mit dem sich Katharina schmücken läßt, nicht zustande.
1768–1774	Erster türkischer Krieg
1769	Beginn der russischen Zeitschriften-Publizistik. Katharina verfaßt Beiträge und polemisiert gegen Nowikow. In den folgenden Jahren erscheinen aus der Feder der Kaiserin auch Komödien und andere Theaterstücke.
1772	*X* Erste Teilung Polens.
1773–1774	Der Kosakenaufstand Pugatschows entwickelt sich zu einem Bauernkrieg. Beginn der reaktionären Regierungszeit Katharinas II.
1773	Die Zarin veranlaßt ihren mündig gewordenen Sohn Paul, zugunsten Dänemarks auf seinen holsteinischen Anteil und auf Ansprüche gegenüber Schleswig-Gottorp zu verzichten. Der holsteinische Diplomat Caspar von Saldern vermittelt einen Landtausch zwischen Rußland und Dänemark: Im Gegenzug überläßt Kopenhagen dem russischen Haus Gottorp die Grafschaften Oldenburg und Delmenhorst. Dem Wunsch seiner Mutter entsprechend übergibt Großfürst Paul die Grafschaften dem Bischof von Lübeck, Friedrich August, Katharinas Onkel mütterlicherseits. Damit ist die ominöse Gottorfische Frage aus der Welt geschafft. Diderot, den Katharina schätzt und unterstützt, weilt fünf Monate in St. Petersburg; unterschiedliche Auffassungen über die den Russen angemessene Regierungsform.
1775	Reorganisation der Gouverments als Folge der Pugatschowschtschina: Das Netz der staatlichen Institutionen wird enger geknüpft.
1778–1779	Im Bayerischen Erbfolgekrieg zwischen Österreich und Preußen präsentiert sich Katharina II., die Macht Rußlands ausspielend, als erfolgreiche Vermittlerin (Friede von Teschen).
1780	Pamphlet der Kaiserin gegen die Freimaurer.
1783	Ausdehnung der Leibeigenschaft auf die Bauern der Ukraine. Anschluß des Khanats der Krim-Tataren. Heraklius von Georgien stellt sein kaukasisches Fürstentum, dessen christliche Bewohner ständigen Angriffen der Türken und Perser ausgesetzt sind, unter den Schutz des Zarenreiches.
1785	Mit einer *Gnadenurkunde für den Adel* zementiert Katharina die Privilegien der herrschenden Klasse ihres Feudalregimes. Sie verschärft die Versklavung der Bauern, obgleich Ratgeber wie Jakob Johann Sievers für eine Milderung der Leibeigenschaft eintreten. Andererseits kümmert sich die Kaiserin um den Aufbau eines Volksschulwesens.

1787	Reise durch Neurußland und auf die Krim.
1787–1791	Zweiter türkischer Krieg.
1788–1790	König Gustav III. von Schweden, ein Vetter Katharinas, unterbindet die Einmischung der Russen zugunsten des schwedischen Adels gegen die monarchische Gewalt, versucht jedoch vergeblich, finnische Territorien von Rußland zurückzuerobern.
1789	14. Juli: Mit dem Sturm auf die Bastille beginnt die Französische Revolution.
1790	Alexander Radischtschew attackiert die Leibeigenschaft und prophezeit den Sturz der Zarenherrschaft; unter dem anhaltenden Schock der Französischen Revolution läßt Katharina II. den Literaten zum Tode verurteilen und begnadigt ihn zu sibirischer Verbannung.
1792	Der Publizist Nikolaj Nowikow wird in der Festung Schlüsselburg eingekerkert.
1793	Zweite polnische Teilung.
1795	Durch die dritte Teilung wird Polen als Staat ausgelöscht.
1796	6. November: Katharina II. stirbt im 68. Lebensjahr.

Zeugnisse

Ein mitteleuropäischer Audienzteilnehmer
Unmittelbar auf Potjomkin folgte die Person, die, wenn sie will, außer in
ihrem eigenen Reiche in Konstantinopel und Ispahan Tausende aus stiller
Ruhe aufregt, in Teschen unserm Vaterlande Frieden schenkt, die ihre
Flaggen im schwarzen, kaspischen und mittelländischen Meere so wie auf
der Ostsee und im weißen Meere wehen läßt... Katharina II. ist von mitt-
lerer, doch eher großer als kleiner Statur; sie scheint nur klein, wenn man
sie mit den sie umgebenden großen Russen vergleicht. Sie ist etwas stark
an Brust und Körper, hat große blaue Augen, eine hohe Stirn, ein etwas
langes Kinn. Da sie jetzt 52 Jahr alt ist, so wird man keine jugendliche
Schönheit erwarten dürfen. Sie ist aber nichts weniger als häßlich; im
Gegenteil sind in ihrem Gesichte noch viele Züge von ihrer ehemaligen
Schönheit und im ganzen Kennzeichen von körperlichen Reizen sichtbar.
In ihrem Blicke hat sie ebensoviele Würde und Majestät als Gnade und
Herablassung. Sie trägt dabei ihren Körper mit vielem Anstande, sehr
gerade, ohne daß es ins Gezwungene fällt... Ihr Kopfputz ist eine an der
Stirn niedrige, etwa dreifingerbreit hohe Frisur, hinten laufen einige ge-
flochtete Zöpfe frei herunter. Auf dem Toupet ruhete eine kleine mit
Brillanten besetzte Krone, so wie sie auf den Münzen abgebildet ist...
Von ihrem starken Busen ist wegen der hoch aufgehenden russischen
Kleidung nur wenig sichtbar. Die Taille ist sehr stark, sie wird aber durch
ihre vorteilhaft gewählten Kleider recht gut verbessert. Von ihrem Fuße
sieht man nichts.

Mitgeteilt im Nachwort zu den kaiserlichen
Memoiren, «Bibliothek des 18. Jahrhunderts»

Joseph II.
Um Rußlands Wohl kümmert sie sich ebensowenig wie ich. Ihre Eitelkeit
ist ihr Götze. Ihr rasendes Glück, sowie der Wetteifer ganz Europas in
übertriebenen Huldigungen haben sie verdorben.

Brief an Kaunitz

Sie sehen, wie gering man hier Menschenleben und menschliche Arbeit
einschätzt. Hier, achthundert Meilen von der Hauptstadt entfernt, bauen

sie Straßen, graben sie Häfen, errichten sie Gebäude inmitten der Sümpfe, führen sie Paläste auf und legen englische Gärten an, mitten in der Einöde. Und all dies ohne Lohn, ohne Bett, bisweilen ohne Lebensmittel und – immer ohne zu murren. Die Kaiserin ist der einzige wirklich reiche Souverän Europas: Sie gibt viel aus, gibt überall aus und hat doch keine Schulden. Ihr Papiergeld gilt soviel als sie will… Das Innere der Dinge hat hier große Mängel. Aber das Äußere hat ebensoviel Wirklichkeit als Glanz. Der Soldat, der versklavte Bauer sind Werkzeuge, deren man sich bedienen kann, um alles niederzutreten, was man nur will… Sie befiehlt, und die Truppen erheben sich, die Schiffe lichten ihre Anker. Es gibt in Rußland kein Intervall zwischen dem Befehl, wie launisch er auch sein mag, und seiner Ausführung.

Gespräch mit Ségur in Neurußland, 1787

Fürstin Daschkowa

Der Tod Katharinas – mit Recht «die Große» genannt – war ein tiefer, überwältigender Schmerz. Ich war wie erstarrt von dem elenden Wechsel der Verhältnisse und von dem Schrecken, der die ganze Nation getroffen zu haben schien. Es gab auch nicht eine der aristokratischen Familien, von der nicht eines ihrer Mitglieder ins Gefängnis oder in die Verbannung geschleppt wurde… Von der ersten Stunde seiner Thronbesteigung an zeigte Kaiser Paul den größten Haß und die äußerste Verachtung dem Andenken seiner Mutter gegenüber. Er beeilte sich, alles, was sie getan hatte, zu ändern oder zu zerstören. Die willkürlichsten und verwirrendsten Dinge wurden an die Stelle von einigen ihrer weisesten Maßnahmen gesetzt.

«Erinnerungen», 1805

Alexander Herzen

Indem man diese Memoiren liest, ist man erstaunt, daß eines beständig vergessen wird, ja an keiner Stelle zum Vorschein kommt – nämlich Rußland und das Volk. Und dies ist ein charakteristischer Zug der Epoche. Welches Interesse konnte die junge deutsche Prinzessin an diesem magnum ignotum, diesem außer Betracht stehenden, armen, halbwilden Volk nehmen, welches sich in seinen Dörfern, hinter Schnee und schlechten Wegen verbarg und nur wie ein fremder Paria, mit seinem verfolgten Bart, seiner verbotenen Kleidung in den Straßen von Petersburg erschien – nur aus Verachtung geduldet wurde! Katharina hörte erst viel später auf ernste Art von dem russischen Volk reden, als der Kosak Pugatschow, an der Spitze einer Armee aufständischer Bauern, Moskau bedrohte. Nach Pugatschows Besiegung vergaß der Winterpalast das Volk wieder. Und ich weiß nicht, wann man sich seiner erinnert haben würde, hätte es nicht selbst seinen Herren sein Dasein ins Gedächtnis gerufen, indem es sich im Jahre 1812 in Masse erhob, nach der einen Seite die die auf der Spitze fremder Bajonette dargebotene Befreiung von der Leibeigenschaft verwerfend und nach der andern in den Tod gehend.

Vorrede zur Erstausgabe der
Memoiren Katharinas II., 1859

Erich Boehme
Als am 6./17. November 1796 ein Schlaganfall Katharina hinwegnahm, vergaß man daher wohl über dem äußeren Glanze ihrer Regierung, daß das Reich in seinem Inneren ein wildes Chaos darstellte, daß die Knechtung der leibeigenen Bauern zu ihrer Zeit ihre schlimmste Höhe erreicht hatte; man übersah die Schatten, die ihre ungezügelte Sinnlichkeit auf ihr persönliches Leben werfen mußte, die unsinnige Verschwendung und Korruption, die sie großgezogen, – man verzieh die Fehler ihrer äußern Politik, die Last, die sie für das Volk bedeuteten, und die Irrtümer in der inneren Verwaltung. Man sah, daß unter der Herrschaft der charakterstarken, arbeitsamen, gebildeten Frau Rußland eine Großmacht geworden war und daß ihre volksbeglückenden Pläne, die auf dem Papier geblieben waren, doch Gedankengänge geweckt hatten, die nicht vergeblich geblieben sind.

Einleitung der ersten deutschen
Gesamtausgabe der Memoiren Katharinas II., 1913

Valentin Gitermann
Nicht darauf kam es ihr an, ob ihre Maßnahmen dem russischen Volk wirklich zum Segen gereichten, sondern lediglich darauf, ob sie ihr Huldigungen eintrugen. Publizierte sie ein Gesetz, eine Verordnung, so lauschte sie auf das Echo, auf die Reaktion der Welt; belanglos war für sie der praktische Erfolg, und es ließ sie kalt, wenn er ausblieb. Sie wollte als ebenbürtige Nachfolgerin Peters des Großen gelten, und schamlos nahm sie ähnliche Genialität für sich in Anspruch. «Petro primo Catharina secunda» lautete die selbstgefällige Inschrift, die sie als propagandistischen Slogan auf das Denkmal Peters heftete. Peter dem Großen war es jedoch stets gleichgültig gewesen, ob er für seine Befehle Beliebtheit erntete oder Haß. Er arbeitete an seinem Werk und brüskierte jedermann. Katharina arbeitete an ihrer Popularität und umschmeichelte jedermann. Sie schillerte, wie ein Chamäleon, in wechselnden Farben.

«Geschichte Rußlands», 1945

Alexander Beltschuk
Wir haben Zarinnen aus Deutschland importiert, und manche waren von ausgezeichneter Qualität. Ich meine Katharina die Große.

Das Mitglied der Akademie der Wissenschaften
der UdSSR in einer Fernsehdiskussion über die Bedeutung guter
deutsch-russischer Beziehungen, 26. April 1985

Bibliographie

1. Schriften Katharinas II.

Eine offzielle Werkausgabe der russischen und französischen Texte wurde im Auftrag der Kaiserlichen Akademie der Wissenschaften von dem Historiker und Akademiemitglied ALEXANDER N. PYPIN herausgegeben:

Sotschinenija imperatrizy Jekateriny II na osnowanii podlinnych rukopisej (*Werke* der Kaiserin Katharina II. auf Grundlage der Originalhandschriften). Zwölf Bände. St. Petersburg 1901–1907

Die *Erinnerungen* sind Katharinas wichtigstes literarisches Zeugnis, obgleich die Kaiserin, wie schon die ersten Rezensenten bemerkten, nicht spontan und ungekünstelt auf ihr Leben zurückblickte, sondern stets mit Berechnung schrieb, um einen bestimmten Eindruck zu erzielen. Diese Art der politischen Selbstdarstellung ist ja nicht ungewöhnlich. Als Quelle zur Erforschung des höfischen Lebens Mitte des 18. Jahrhunderts wurden die *Memoiren* sogar von der Großen Sowjetenzyklopädie gewürdigt. ALEXANDER PYPIN hat sie in Band 12 der Werkausgabe unter dem Titel Awtobiografitscheskije *sapiski* (Autobiographische *Aufzeichnungen*) zusammengestellt.

Nachdem ALEXANDER HERZEN 1859 einen Teil der Memoiren nach einer Abschrift, die in mehreren Varianten in Rußland kursierte, zum erstenmal veröffentlicht hatte (vgl. Anm. 43), erschienen nach dieser französischen Ausgabe in verschiedenen Bearbeitungen auch deutsche Übersetzungen der katharininschen *Denkwürdigkeiten* (der Ausdruck *sapiski* läßt auch diese Übersetzung zu). Sie brauchen in unserer Bibliographie nicht aufgezählt zu werden, denn ERICH BOEHME hat sie in seiner maßgeblichen Edition (vgl. Anm. 5) weitestgehend berücksichtigt.

Dank verlegerischen Bemühungen in der Deutschen Demokratischen Republik und in der Bundesrepublik Deutschland wurde dem deutschsprachigen Leser eine neu durchgesehene Fassung der Edition Boehmes von 1913 zur Hand gegeben. ANNELIES GRASSHOFF (DDR) hat sie vorzüglich kommentiert. Das mit Bildern versehene Werk erschien in der «Bibliothek des 18. Jahrhunderts», einer gemeinschaftlichen Unternehmung der Verlagsgruppe Kiepenheuer, Leipzig und Weimar, und des Verlages C. H. Beck, München:

Katharina II. *Memoiren*. Zwei Bände. Leipzig 1986. München 1987

Über das allgemeine schriftstellerische Werk informieren:

STENDER-PETERSEN, ADOLF: Geschichte der russischen Literatur. Band I. München 1957

FLEISCHHACKER, HEDWIG: Mit Feder und Zepter. Katharina II. als Autorin. Stuttgart 1978

Briefe Katharinas erschienen im Sammelwerk (russ. Sbornik) der Kaiserlichen Russischen Historischen Gesellschaft, St. Petersburg 1867–1878 und im Russischen Archiv, St. Petersburg 1881. Die Korrespondenz zwischen Katharina II. und Fürst Potjomkin aus den Jahren 1782 bis 1791 (also ohne Liebesbriefe) wurde in «Russisches Altertum», St. Petersburg 1876, und «Literarisches Erbe», Moskau 1933, veröffentlicht. Briefe der Kaiserin werden auch in folgenden westlichen Publikationen wiedergegeben:

ARNETH, ALFRED RITTER VON: Joseph II. und Katharina II. Ihr Briefwechsel. Wien 1869

BEER, ADOLF: Leopold II., Franz II. und Catharina. Ihre Correspondenz. Leipzig 1874

BODEMANN, EDUARD: Der Briefwechsel der Kaiserin Katharina II. und Johann Georg Zimmermann. Hannover und Leipzig 1906

FLEISCHHACKER, HEDWIG: Mit Feder und Zepter. Katharina II. als Autorin. Stuttgart 1978

GRIMM, MELCHIOR: Paris zündet die Lichter an. Literarische Korrespondenz. München 1978

HILLEBRAND, KARL: Katharina II. und Grimm. Berlin 1880

JESSEN, HANS: Katharina II. von Rußland in Augenzeugenberichten. München 1978

KEYSERLINGK, ALEXANDRINE VON: Um eine deutsche Prinzessin. Ein Briefwechsel Friedrichs des Großen und der Landgräfin Karoline von Hessen-Darmstadt und Katharinas II. von Rußland (1772–1774). Hamburg 1931

KRAUEL, R.: Briefwechsel zwischen Heinrich Prinz von Preußen und Katharina II. von Rußland. Berlin 1923

MÖNCH, WALTER: Voltaires Briefwechsel mit Friedrich dem Großen und Katharina II. Berlin 1944

OUDARD, GEORGES: Lettres d'amour de Cathérine à Potemkine. Paris 1934

RAMBAUD. A.: Les correspondents de Cathérine II. Paris 1877

REAU, LOUIS: Correspondance de Falconet avec Cathérine II. 1767–1778. Paris 1921

SCHLÖZER, KURD VON: Friedrich der Große und Katharina II. Berlin 1859

TOURNEUX, M.: Diderot et Cathérine II. Paris 1899

VIVIANI, ANNALISA: Erotische Briefe der Weltliteratur. Königstein/Ts. 1984

Staatsrechtliche Veröffentlichungen:
Instruktion der Kaiserin Katharina II. für die Kommission, die den Entwurf eines neuen Gesetzbuches ausarbeiten sollte. Herausgegeben von NIKOLAJ D. TSCHETSCHULIN. St. Petersburg 1907 (russ.); vgl. Anm. 108

Vollständige Sammlung der Gesetze des Rußländischen Kaiserreiches. Band XV–XXIV. St. Petersburg 1830 (russ.)

Urkunden aus der Regierungszeit Katharinas II.: *Einrichtungen zur Verwaltung der Gouvernements* und *Gnadenurkunden für den Adel* und *für die Städte*. Herausgegeben von G. N. SCHMELJEW. Moskau 1907 (russ.)

2. Allgemeine osteuropäische Geschichte

ECKARDT, HANS VON: Rußland. Leipzig 1930

GITERMANN, VALENTIN: Geschichte Rußlands. 3 Bde. Frankfurt a. M. 1987

HALECKI, OSKAR: Geschichte Polens. Frankfurt a. M. 1963

Hoetzsch, Otto: Grundzüge der Geschichte Rußlands. Stuttgart 1949

Istorija SSSR (Geschichte der UdSSR). Redaktion A. M. Pankratowa. 3 Bde. Moskau 1950 (russ.)

Jaenecke, Heinrich: Polen – Träumer Helden Opfer. Hamburg 1981

Kljutschewskij, Wassilij O.: Geschichte Rußlands. 4 Bde. Stuttgart 1925–1926

Longworth, Philip: Die Kosaken. Frankfurt a. M. 1977

Pipes, Richard: Rußland vor der Revolution. Staat und Gesellschaft im Zarenreich. München 1977

Pokrowskij, Michail N.: Geschichte Rußlands. Leipzig 1929

Puschkarskij, N. Ju.: Otscherki po Russkoj Istorii (Skizzen zur Russischen Geschichte). 3 Bde. Kempten 1948–1949 (russ.)

Solowjow, Sergej M.: Istorija Rossii s drewnejschich wremjon (Geschichte Rußlands seit den ältesten Zeiten). 29 Bde. Moskau 1960–1966 (russ.)

Stählin, Karl: Geschichte Rußlands. 5 Bde. Graz 1974

Stökl, Günter: Russische Geschichte von den Anfängen bis zur Gegenwart. Stuttgart 1962

Vajda, Stephan: Felix Austria. Eine Geschichte Österreichs. Wien 1980

Vernadsky, George: A History of Russia. New Haven 1951

Wittram, Reinhard: Peter I. Czar und Kaiser. Zur Geschichte Peters des Großen in seiner Zeit. 2 Bde. Göttingen 1964

3. Katharina II. und ihre Zeit

Algarotti, Francesco: Lettres du comte Algarotti sur la Russie. Neuchâtel 1770

Bilbassow, Wassilij A.: Diderot in Petersburg. St. Petersburg 1884 (russ.)
Die Geschichte Katharinas II. 3 Bde. St. Petersburg und Berlin 1890–1896

Blum, K. L.: Ein russischer Staatsmann. Des Grafen J. J. Sievers Denkwürdigkeiten. 4 Bde. Leipzig und Heidelberg 1857

Brandt, Otto: Geistesleben und Politik in Schleswig-Holstein um die Wende des 18. Jahrhunderts. Stuttgart 1925

Brückner, Alexander: Katharina die Zweite. Dritte Hauptabteilung, zehnter Teil der Allgemeinen Geschichte in Einzeldarstellungen. Berlin 1883

Chrapowizkij, Alexander W.: Tagebuch (eines Geheimschreibers der Kaiserin 1783–1793). St. Petersburg 1873

Coughlan, Robert: Frauen auf dem Zarenthron. Elisabeth und Katharina. Düsseldorf 1976

Coxe, William: Travels into Poland, Russia, Sweden and Denmark. 4 Bde. London 1784–1787

Cronin, Vincent: Katharina die Große. Düsseldorf 1978

Daschkowa, Katharina R.: Erinnerungen. Katharina die Große und ihre Zeit. München 1970

Erdmann-Degenhardt, Antje: Im Dienste Holsteins. Katharina die Große und Caspar von Saldern. Rendsburg 1987

Forst-Battaglia, S.: Stanislaus August Poniatowski. Berlin 1927

Grey, Jan: Katharina die Große. Tübingen 1961

Große Sowjetenzyklopädie: Stichwort Jekaterina II. 2. Ausgabe Moskau 1952 und 3. Ausgabe Moskau 1972 (russ.)

Harris, James Howard: Diaries and Correspondence (des englichen Gesandten in St. Petersburg). 2 Bde. London 1844

Helbig G. A. W. von: Peter III. Tübingen 1808
Russische Günstlinge. Tübingen 1809

HOETZSCH, OTTO: Katharina die Zweite von Rußland. Leipzig 1940
JESSEN, HANS: Katharina II. von Rußland in Augenzeugenberichten. München 1978
KOCHAN, M.: Life in Russia under Catherine the Great. New York 1969
LARIVIÈRE, CH. DE.: Cathérine II et la Révolution française. Paris 1895
LEWALTER, ERNST: Katharina II. Berlin 1940
LIGNE, CHARLES DE: Mémoires et Mélanges historiques. Paris 1827 – Deutsch: Literat und Feldmarschall. Briefe und Erinnerungen. Herausgegeben von GÜNTHER ELBIN. Stuttgart 1979
OLDENBOURG, ZOÉ: Katharina die Große. München 1983
OLIVIER, DARIA: Cathérine la Grande. Paris 1965
PALLAS, PETER SIMON: Reise durch verschiedene Provinzen des Russischen Reiches 1771–1776. 3 Bde. Graz 1967
PONIATOWSKI, STANISŁAW AUGUST: Mémoires secrètes et inédites. Leipzig 1862
PUSCHKIN, ALEXANDER S.: Istorija Pugatschowa (deutsch: Die Geschichte des Pugatschowschen Aufstandes). St. Petersburg 1831
Kapitanskaja dotschka (deutsch: Die Hauptmannstochter). St. Petersburg 1836
RADISCHTSCHEW, ALEXANDER N.: Reise von Petersburg nach Moskau. Leipzig 1922
RAEFF, M.: Catherine the Great: A Profile. London und New York 1972
SALDERN, CASPAR VON: Histoire de la vie de Pierre III. Metz 1802
SÉGUR, LOUIS PHILIPPE DE: Mémoires ou Souvenirs et Anécdotes. 3 Bde. Paris 1826–1827
SEMJEWSKIJ, W. I.: Die Bauern unter der Herrschaft Katharinas II. 2 Bde. St. Petersburg 1901–1903 (russ.)
SOLOWEYTSCHIK, GEORGE: Potemkin. Stuttgart und Zürich 1951
Stammtafeln zur Geschichte der europäischen Staaten. 2 Bde. Marburg 1965
TARLE, E. W.: Katharina die Zweite und ihre Diplomatie. Moskau 1945 (russ.)
Skizzen zur Geschichte der UdSSR. Die Periode des Feudalismus. Rußland in der zweiten Hälfte des 18. Jahrhunderts. Moskau 1956 (russ.)
THÖNE, FRIEDRICH: Wolfenbüttel. Geist und Glanz einer alten Residenz. München 1963
THOMSON, G.: Catherine the Great and the Expansion of Russia. London 1955
VALLOTTON, HENRY: Cathérine II. Paris 1955
WÄSCHKE, H.: Anhaltische Geschichte. 3 Bde. Köthen 1912–1913

4. Roman, Kolportage, Film

Am Lebensweg und Lebenswandel der Deutschen auf dem Zarenthron hat sich die Phantasie immer wieder entzündet, von den zeitgenössischen französischen Pamphletisten bis zu den modernen Autoren der Trivial- und Unterhaltungsliteratur:

Geheime Lebens- und Regierungsgeschichte Katharinens der Zweyten, Kaiserin von Rußland. Aus dem Französischen. In zwey Bänden. Paris 1798
GIP, B.: The Passions and Lechery of Catherine the Great. Genf 1971
HASLIP, JOAN: Politik und Leidenschaft. Katharina II. von Rußland. Stuttgart 1978
HOFFMANN-HARNISCH, WOLFGANG: Die Große Katharina. Geschichte einer Karriere. Berlin 1936
KAUS, GINA: Katharina die Große. Eßlingen 1977
La cour de la Russie il y a cent ans. 1725–1783. Berlin 1858

Lavater-Sloman, Mary: Katharina und die russische Seele. Zürich 1941

Laveaux, Jean: Histoire de Pierre III. Paris 1799

Masson, C. F.: Mémoires secrets sur la Russie. Paris und Amsterdam 1800

Rulhière, Claude Cardoman de: Histoires ou anecdotes sur la révolution de Russie en l'année 1762. Paris 1797

Cathérine II. et ses favoris. Paris 1798

Sacher-Masoch, Leopold von: Katharina II. Zarin der Lust. Biographischer Roman. München 1982

Stuhlfeld, Willy: Katharina II. Geheime Lebens- und Regierungsgeschichte. Berlin 1940

Troyat, Henri: Die große Katharina. München 1980

Waliszewski, K.: Katharina II. Der Roman einer Kaiserin. Leipzig 1926

Zeidler, Paul Gerhard: Katharina der Große. Historischer Roman. Berlin 1929.

Der Titel dieses Buches ist, wie der Verfasser mitteilt, einem Wort des Fürsten Charles de Ligne entlehnt, der die Kaiserin bewunderte.

Zwei große Schauspielerinnen haben Katharina als junge Frau dargestellt: Elisabeth Bergner und Marlene Dietrich.

«Katharina die Große», 1934, war der erste Film, den Elisabeth Bergner und ihr Mann, der Regisseur Paul Czinner, in der englischen Emigration drehten, nachdem sie Deutschland verlassen hatten. Er wurde sogar in Berlin gezeigt, doch nach Aktionen der Nazis gegen die Produktion des jüdischen Ehepaares unverzüglich abgesetzt. Im selben Jahr, September 1934, feierte in den USA das Opus «The Scarlet Empress» (Die scharlachrote Kaiserin) Premiere, in dem Josef von Sternberg als Regisseur Marlene Dietrich auf den Zarenthron gelangen läßt.

Beide Streifen gehen mit den geschichtlichen Tatsachen äußerst freizügig um, wie so oft, wenn sich westliche Medien mit russischer Geschichte beschäftigen; sie sind deshalb allenfalls filmhistorisch von Interesse.

Namenregister

154

156

Über den Autor

Reinhold Neumann-Hoditz (Jahrgang 1926) studierte osteuropäische Sprachen und Slawistik in Heidelberg und Hamburg. Er arbeitete zwölf Jahre als außenpolitischer Redakteur, unternahm als Berichterstatter weltweite Reisen und war als Rundfunk-Korrespondent in Moskau tätig. Neumann-Hoditz lebt als freier Publizist in Hamburg.

1966 veröffentlichte der Verfasser seinen Bericht aus Asien, das Buch «Chinas heimliche Fronten». Für «rowohlts monographien» schrieb er die Bände «Ho Tschi Minh» (rm 182), «Solschenizyn» (rm 210), «Chruschtschow» (rm 289), «Peter der Große» (rm 314), «Dschingis Khan» (rm 345) und «Iwan der Schreckliche» (rm 435).

Quellennachweis der Abbildungen

Aus: Vincent Cronin: Katharina die Große. Düsseldorf 1978: 6, 65, 94, 125
Aus: Ernst Wickenhagen: Geschichte der Kunst. Eßlingen a. N. 1916: 11
Aus: Alexander Brückner: Katharina die Zweite. Berlin 1883: 12, 16, 21 o., 21 u., 48/49, 52, 66, 72, 76, 87, 96, 104, 107, 112/113, 120, 126
Historia-Photo, Hamburg: 14/15, 34, 37, 70, 79
Fotos und Archiv Neumann-Hoditz: 20, 86, 90, 93, 108, 116
Aus den Memoiren Katharinas II. Leipzig 1916: 24, 27, 32, 45, 61, 67, 105, 115
Aus den Memoiren Katharinas II. Leipzig/München 1986/87: 29, 73, 111, 129
Aus den Werken Friedrichs des Großen. Berlin 1912: 41
Bildarchiv Kultur und Geschichte, G. E. Habermann, München: 55, 88
Victoria and Albert Museum, London: 57
Aus: Mary Lavater-Sloman: Katharina und die russische Seele. Zürich 1941: 62
Aus: Russische Porträts. St. Petersburg 1905: 63
Aus: Hedwig Fleischhacker: Mit Feder und Zepter. Stuttgart 1978: 74, 80
Moskauer Kreml, Rüstkammer: 81
Aus: Valentin Gitermann: Geschichte Rußlands. Hamburg 1949: 84, 85, 101
Aus: Heinrich Jaenecke: Polen – Träumer Helden Opfer. Hamburg 1981: 92
Archiv für Kunst und Geschichte, Berlin: 97, 100, 123, 127
British Museum, London: 118
Keystone: 142

Ein Gesamtverzeichnis der
Reihe *rowohlts mono-
graphien* finden Sie in der
Rowohlt Revue. Jedes
Vierteljahr neu. Kostenlos.
In Ihrer Buchhandlung.

Geschichte / Politik

rororo bildmonographien

rowohlts monographien mit
Selbstzeugnissen und Bilddokumenten. Begründet von
Kurt Kusenberg, herausge-
geben von Wolfgang Müller.

Eine Auswahl:

Augustinus
dargestellt von Henri Marrou
(008)

Sri Aurobindo
dargestellt von Otto Wolff
(121)

Martin Buber
dargestellt von Gerhard Wehr
(147)

Franz von Assisi
dargestellt von Ivan Gobry
(016)

Ulrich von Hutten
dargestellt von
Eckhard Bernstein
(394)

Jesus
dargestellt von David Flusser
(140)

Johannes der Evangelist
dargestellt von Johannes
Hemleben
(194)

Johannes XXIII.
dargestellt von
Helmuth Nürnberger
(340)

Martin Luther King
dargestellt von Gerd Presler
(333)

Mohammed
dargestellt von
Émilie Dermenghem
(047)

Moses
dargestellt von André Neher
(094)

Paulus
dargestellt von
Claude Tresmontant
(023)

Albert Schweitzer
dargestellt von
Harald Steffahn
(263)

Paul Tillich
dargestellt von Gerhard Wehr
(274)

Simone Weil
dargestellt von
Angelika Krogmann
(166)

Ein Gesamtverzeichnis der
Reihe _rowohlts mono-
graphien_ finden Sie in der
Rowohlt Revue. Jedes Viertel-
jahr neu. Kostenlos. In Ihrer
Buchhandlung.